「ふつう」に心がざわつく子どもたち

LGBTQ＋の子どもも含めたみんなが安心のクラスづくり

木茂義

明治図書

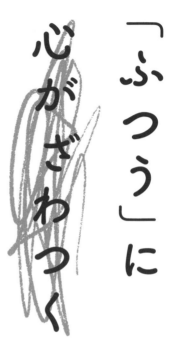

はじめに

「シゲ先生！　最近よく聞くＬＧＢＴＱ＋とは、いったい何のことなのですか？」と同僚の先生に問われたことがありました。子どもにかかわる仕事をする方も、最近ようやく性の多様性について知る機会が増えてきました。しかし、まだ知る機会がない方もいると思います。ＬＧＢＴＱ＋とはセクシュアルマイノリティ・性的マイノリティの総称です。詳細は以下の通りです。ＬＧＢＴＱ＋といっても、その一人ひとりの性のあり方は、実に多様です。ＬＧＢのように性的指向（恋愛や性愛の方向がどんな性に向かうか、もしくは向かわないか）のマイノリティの方もいれば、Ｔのように性自認（自分がどんな性別だと思うか）のマイノリティの方もいます。いろいろな属性の方を十把一絡げにＬＧＢＴＱ＋と表現す

LGBTQ+（セクシュアルマイノリティ）

L（レズビアン）女性として女性を好きになる人
G（ゲイ）男性として男性を好きになる人
B（バイセクシュアル）異性も同性も好きになる人
T（トランスジェンダー）出生時に割り当てられた性別と性自認が一致しない人
Q（クエスチョニング）自分の性のあり方が非典型的だと位置付けている人
+（プラス）上記以外の多様な性のあり方

ることに違和感を覚える方もいるかもしれません。私個人は、ＬＧＢＴＱ＋の方の連携を示す「看板」のようなイメージでこの言葉を捉えています。違和感を覚えること自体は、全く悪いことではありません。この本を読み始めた今は、ご自身の感じたままで大丈夫です。

　ＬＧＢＴＱ＋の「＋」には、さらに多様な性のあり方が包摂されています。自分の性自認が百パーセント男・百パーセント女の枠の中に位置づかない、もしくは男女どちらでもないと感じている「Ｘジェンダー」「ノンバイナリー」という方もいらっしゃいます。他者に対して性的欲求がない、もしくはほとんどないと感じている「アセクシュアル」の方、他者に対して恋愛感情がない、もしくはほとんどないと感じている「アロマンティック」の方もいらっしゃいます。

LGBTQ+からSOGIE（ソジー）へ

みんなの性のあり様をSOGIEの視点で考える

⑴割り当てられた性別 女・男	⑵性自認 （GI）Gender　Identity 自分がどんな性別だと思うかを指します。
⑶性的指向 （SO）Sexual　Orientation 恋愛や性愛の指向が、どんな性に向かうかもしくは向かわないかを指します。	⑷ジェンダー表現 （GE）Gender　Expression 服装などの外見、雰囲気、しぐさや言葉遣いといった「らしさ」を表すものを指します。

ＬＧＢＴＱ＋は「マイノリティの方」を表すのですが、最近はすべての人の性のあり様を考える視点ＳＯＧＩＥ（ソジー）も使われるようになってきました。これはＳＯ（Sexual Orientation）とＧＩ（Gender Identity）、さらにＧＥ（Gender Expression, ここではＥだけ残す）を組み合わせた造語です。ＬＧＢＴＱ＋の方を特別視するのではなく、多様な性のあり様の一つの形と捉えます。みなさんの性のあり様もＳＯＧＩＥの視点で捉えると、スケール（矢印）のどこかに位置づき、より自分事になるのではないかと思います（詳細は次ページの「ＳＯＧＩＥをスペクトラムで捉える」を参照）子どもや大人の発達特性が様々であるように、性のあり様も様々なのです。ちょっとよくわからないなという方も、大丈夫！第1章の具体的な子どもの姿から、ＳＯＧＩＥについて再考できると思います。ぜひ、「はじめに」と「第1章」

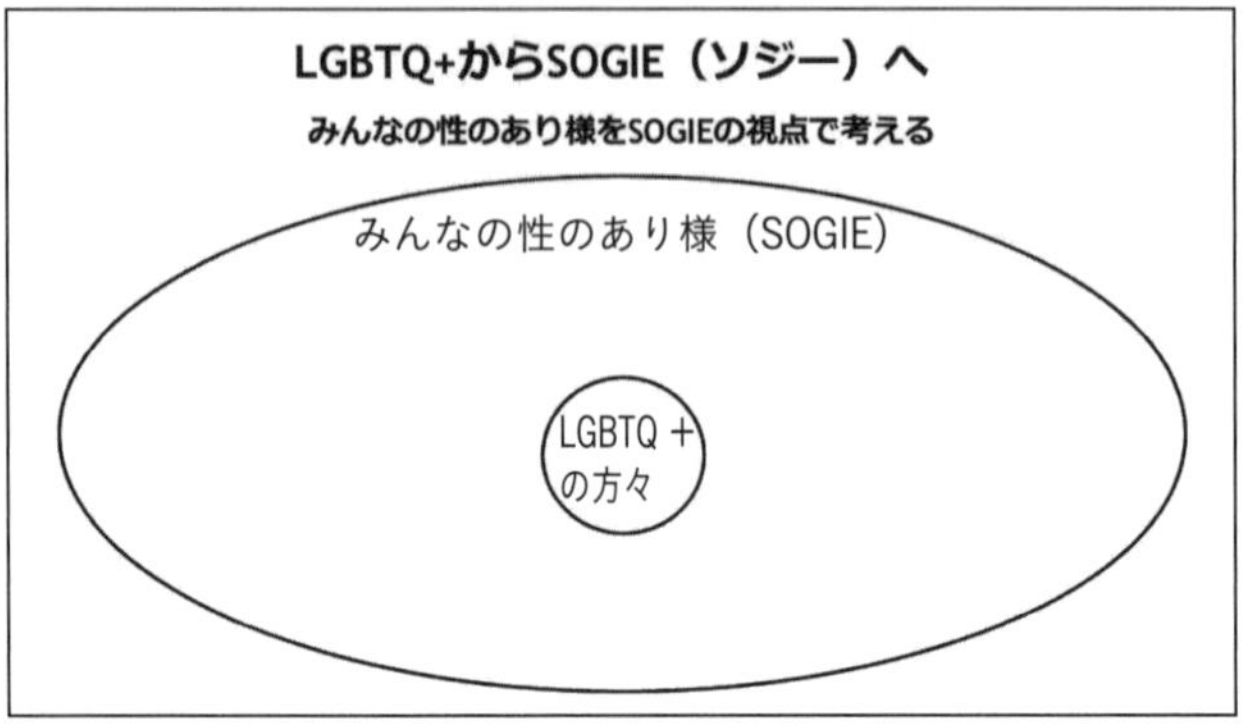

を行ったり来たりしながら多様な性のあり様を感じていただけたらと思います。

具体的にSOGIEを下のスケールで捉えてみましょう。「性自認」「性的指向」「ジェンダー表現」について、自分は百パーセント女・男と感じる・思っている方はスケールの右端に印が付くのではないでしょうか。自分を女・男以外の性で印を付けたいという方もいると思います。このスケールで自分の性を表しやすい、説明しやすいという方もいれば、逆の方もいると思います。ゲイ男性の私は、すべて男性のスケールの右端に印が付きます（すべてのゲイ男性がそうであるとは限りません）。

みなさんも試しに、自分の性がスケールのどこに位置づくか位置づかないか考えてみてください。

鈴木茂義

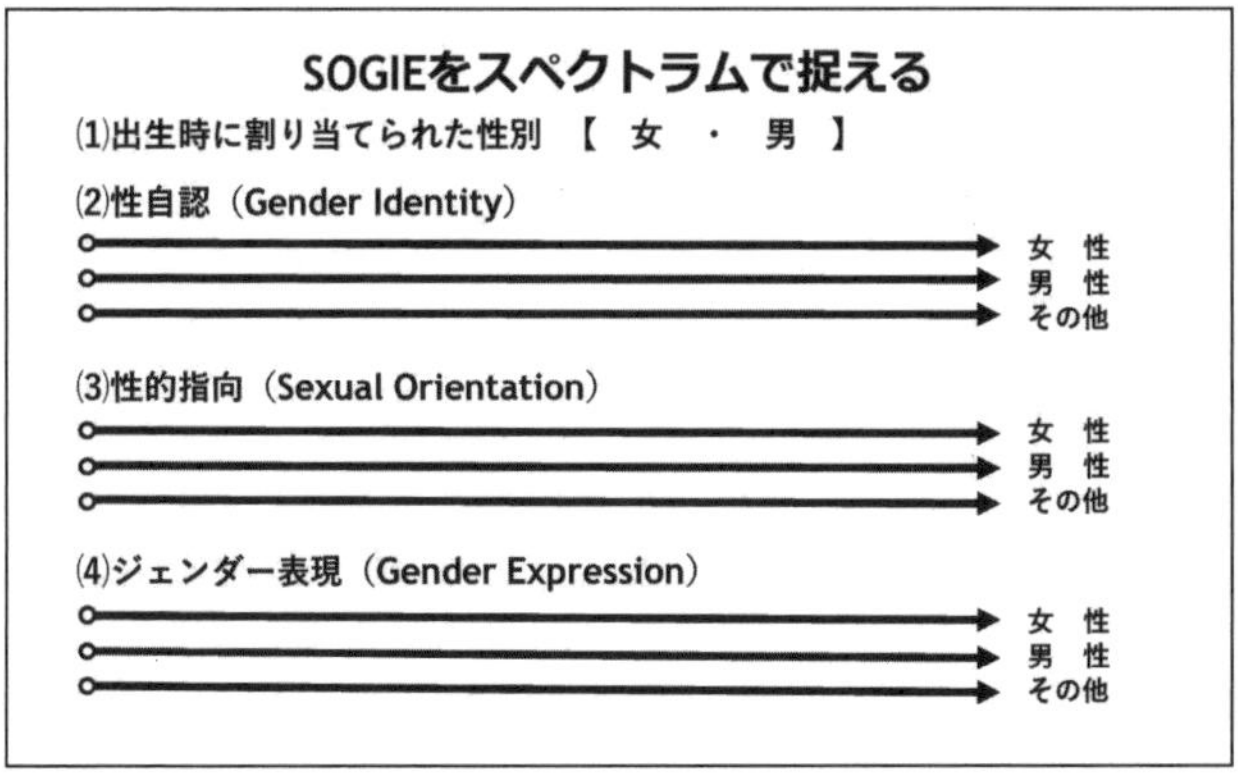

CONTENTS

第2章 LGBTQ+の子どもたちの声にどう向き合う?

第3章 大きな意味をもつ、先生の「ほんのちょっと」の心がけ

序章

【対談】
先生が「わからない」ままでもいい

「ふつう」に心がざわつく子どもたち

著者対談

author dialogue

●Profile

林　真未（はやし　まみ／マミ先生）

1970年代、小学生の頃に萩尾望都『トーマの心臓』、竹宮恵子『風と木の詩』など、同性愛を描いた作品に出会い衝撃を受ける。以来、このテーマに強く惹かれ続け、1980年代に書いた大学の卒業論文も「平安末期の貴族社会における男色の研究」。小学校教師としては、2018年シゲ先生を学級に招き特別授業をしたほか、役員を務める東京都学校教育相談研究会の夏期大会で教員向けLGBTQ＋講座を2020年から連続実施。

鈴木茂義（すずき　しげよし／シゲ先生）

同性が好きかもしれないという気持ちに初めて気づいたのは、小学校1年生のとき。その後は「好きな男の子も好きな女の子もいる」という性的指向の揺らぎが続いたが、大学2年生のときに、自身がゲイであるということが明確になった。2016年、カミングアウトフォトプロジェクト「OUT IN JAPAN」で、小学校の先生でありゲイの当事者であることを社会的にオープンにした。趣味は旅行、料理、山を眺めること。

――（編集部）お二人とも、本日はよろしくお願いします。まず、世間ではLGBTQ＋に関する認知が高まってきていると感じるのですが、学校ではどんな認識をされている印象でしょうか？

林 私自身は、文部科学省等の行政側は、意外と早めに教育の中で受け入れようとしていたと感じています。鈴木先生はいかがですか？

鈴木 正直、ぼくがフルタイムで教員をしていた２０１６年くらいまでは、自分の中では情報が入ってきませんでした。しかし、自分が退職して時間的な余裕ができてから外に目を向けたら「あ、意外と国からの通達が出ていたんだな」ということにようやく気づきました。でも、当時はそういったものが出ていても見る余裕が自分にもなかったですし、周りの先生たちも見る余裕がなくて、机の書類の山にもしかしたら埋まっていたんじゃないかなと予想できます。

林 ２０１６年に出た手引き[1]の存在を知っていて、それを読んだことがある人はおそらくマイノリティですよね、学校の中では。

鈴木　はい。他の人に聞いてみたら、「あることすら知らない」と答える先生も正直多かったな、と。「これ一人ひとりの先生全員に配られてるんですよ」って講師の先生が言っても、「え、そうなんですか？」という反応が、当時は圧倒的に多かったのではないでしょうか。

林　結局、先生の働き方が認知を阻んでいる側面もあるのかもしれないですね。

鈴木　はい。まずこの2016年と今の2023年では、もう全く違うフェーズに来ているので、「世間の認知の高まり」というのも、どこの年で語るかによって変わってくるんじゃないかなと思います。

林　その点、もうちょっと詳しく聞いてもいいですか？

鈴木　今、2023年時点で、私に届く学校関係の講演依頼が今年、いちばん多いんです。今まで取り組んでこなかった地域や自治体が、人権研修の枠組みの中で取り組み始めたということと、東京都で言えば人権教育プログラムの中にきちんと位置づけられたというのも大きい要因ではないかと思っています。

あとは、先生たちも、自分の学校の中で気になる子や、当事者の子に出会ったなどのように、「気になる」っていう経験や感覚がすごく増えてるんじゃないかと考えています。

林 では、どちらかと言えば、世間と学校は「連動している」というイメージでしょうか？

鈴木 最初は世間が先行して、その後ろから学校が追いついていって…、というイメージでしょうか。それで、「よくよくこれまでのことについて考えてみたら、結構心当たりがあるぞ」と実感して、経験と認知が一致してきたのではないかという印象があります。

林 私の教育界への印象はむしろ、2016年に手引きを出したり、2015年に研修を導入したり、2010年頃から当事者を講演に招いたりなど、いろいろな動きがあったという意味で、意外と早かったんじゃないかと思っていたのですが、このイメージは違いますか？

鈴木 2010年は、ぼくは自分自身がゲイだということで、社会がどのように動いているかには全く目が向けられない状況でした。そういう意味で、ぼくはそもそも動き自体を把握できていなかったというのが正直なところですね。でも、研修などは行われていたのですね。

林 私が40歳を過ぎて教員になったとき、初任者研修の内容に盛り込まれていて驚いたことを覚えています。「自分はよく知っている内容だけれど、それを公的な研修でやってくれるんだ…！」と思った記憶があります。それで「学校のほうが結構わかっているんだな」という印象をすごく強くもったのかもしれません。

鈴木 それ、かなり早い時期ですよね。それは区の研修でしたか？　東京都の研修でしたか？

林 都の研修でした。その後、区でも取り組まれていたけど、最初は都の初任者研修で聞いたと思います。

鈴木 当時から都が主導でやっているのはすごいですね。最近は、やってない区のほうが少ないくらいだと思います。毎年必ず実施して、一回も研修を受けたことがない人を減らすような取り組みの意義もあるかと思います。それは教職員だけではなく、中学校でも入学した子どもに対して毎年講演会をやることで、三年かければ必ず全校生徒が一回は聞いたことがある状況になると考えていくと、学校の中でも教職員、子どもともに知る機会は少しずつ増えて、認知が高まっているのかなと思います。

学び始めるきっかけは？

鈴木 私がお聞きしたかったのが、前提として、林先生が学校の先生になる前に多様な性のあり方について、それらの知識をもっていた理由です。何らかのきっかけがあったのでしょうか？

林 私は、小学校のときに読んだ漫画の影響が大きいです。当時は子どもだし、今みたいに「教育に…！」と考えていたわけではもちろんないですが、そういう漫画を読んで衝撃を受けたんです。ある雑誌で連載されていた少年愛を描いた漫画を読んで、カウンターパンチというか、すごく衝撃を受けて…。多分、私自身がマイノリティなものに興味を引かれる体質だったんだと思いますが、その漫画の内容に魅力を感じたのがきっかけですね。それがあったから、親近感や強い興味をもって、その後もいろいろと学ぶ中で他の人よりもずっと知識がついていったと思っています。

鈴木 なるほど。そういうバックボーンがあって、後に学校に入られて、「こういうことも学校で研修してるんだ」と感じたということですね。

林 障害者差別と同じように、同性愛差別っていうのもすごく見聞きしていたので、それに対するアクションをすべきだというのは思っていたけれど……。正直、はじめのうちは学校という場でそれが可能かどうかわからないなと思って、「自主規制」をしていました。そんな中で、公的な研修で、大事なこととして扱ってくれていたので、「じゃあ、いいんだね、やるよ」という流れです。そのときに鈴木先生に学校に来てもらって、特別授業[2]をしてもらったんですよね。

当事者である鈴木先生から見た学校や社会

——鈴木先生は、特に子どもの頃の経験などで、学校に対して期待していたことや感じていた印象などはありますか?

鈴木

率直にお答えすると、自分のことで必死すぎて学校に期待するという感覚すらなかったですね。あまりにも情報がなさ過ぎて、バラエティ番組で揶揄されているという印象しかなかったんです。私にはその印象しかない中で、図書室に行っても何の情報もないし、保健室の掲示物でも、そんなトピックはなかったし、教科書にも載っていないし、ニュースでも出てこない。当事者でありながら何も知らなかったんですね。

でも、「これは人に言ったら絶対にいじめられるな」というのは直感的にわかっていたので、まずそのまま開示することはできなかったです。誰が敵で、誰が味方になってくれるかが全く見えない状況だったので、そんな高リスクな中では「話す」という選択肢がそもそも除外されていたなと感じています。

林

テレビ番組の情報だけはあったわけだから、そこからだとネガティブなイメージになってしまいますよね。

鈴木

周りに煙たがれる存在というか、奇異な目で見られる存在、笑われる存在なんだなというのは、テレビを見ながら感じていました。でも、それを見て自分も笑わざるを得ない。周りに同調せざるを得ないというところで、また自分の心がすさんでいく感覚は、今考えるとありました。でも、当時はそれすらも言語化できなかったです。そういう気持ちや、そういう感情すら言語化できる力がなかったんですよね。

林 逆に今考えると、あの頃の鈴木少年に必要だったのは、情報でしょうか？

鈴木 まさに情報ですね。まずは第一歩目として、ポジティブな情報。具体的に何かというと、「あなたは別に変じゃないよ」という言葉がほしかったなと思います。数としては少ないけれど、なにか人間として欠陥があるわけでもないし、人間として失敗作品として生まれてきたわけでもない。今は周りに言えないかもしれないけれど、もうちょっとしたら他に仲間ができるから安心して、みたいな言葉があったらいいなと思います。

――その当時と比べて最近LGBTQ＋に関する教育が現場でされるようになってきて、多少ポジティブな情報を子どもに与える機会が増えてきたのではないかと思いますが、その現状についてはどのように感じていますか？

鈴木　私、いろいろなところに「性の多様性を入り口にした人権教育」という名前で出張授業に行っています。これはまさに林先生のクラスでやった授業がベースになっています。あのときと形はそんなに変わってないのですが、ただ、そこで最近変化が見られてきたんですね。毎回、「先生にはパートナーがいるんだけど、日本の法律では結婚できません。それはなぜでしょう？」と導入でクイズを出すのですが、どこの学校に行っても今、一発で当てられるんです。「同性だからでしょう。男性だからでしょう」って。しかも、質問の途中で瞬間に子どもたち同士が顔を見合わせて、「あー、あれだあれ」のように。いろいろな学校でその状況になっていて、ゲイであるということはほとんどびっくりされない。そしてパートナーが同性ということも一発で当てられる。で、その後にも「なんで驚かないの？」と聞くと、「じゃあ驚けばいいんですか。えーっ！」っていうふうに驚いてくれます（笑）。林先生のクラスで同じ授業をしたのが、２０１７年か２０１８年あたりじゃないかなと思います。5年か6年前だと思いますが、そこからの変化は大きいなと感じています。

す。

　あとは子どもが教えてくるのは、親が企業に勤めていて、企業の研修でLGBTQ＋の話を聞いてきた親から話を聞いて知っているとか、最近はニュースで知ったという子が増えてきました。SNSよりもニュースのほうが最近は多いなという感覚です。

林 やっぱり、法律として制定されたのは大きいのですかね。

鈴木 はい、そうだと思います。あとは、調べ学習、総合的な学習の時間で扱っているというパターンもすごく多いですね。旬な、ホットトピックになっているなって感じがします。よくも悪くも、ですが…。

林 もう少し深いところまで扱えたらいいのだけど…。

鈴木 仰る通りですね。やっぱり、ネットの情報や文献、書籍だけだと、どうしても表層的な部分でしか知ることができないので…。そこでやはり、先生方も当事者の声を求めるんですよね。でも、そもそもそこで話せる当事者というのは非常に限られているので…。

林 当事者まで行き着くのであればまだよいのですが、やって終わりというパターンも結構多いと思うのですよね。

鈴木 そうですね。「思いやりと優しさが大事だと思います」とか、「受け入れてあげようと思います」とか、「助けてあげようと思います」というところで学習が完了している可能性はすごく高いなと思います。でも、それでも学ぶ機会が出てきたということは、この学びが終わってからなにかの情報に触れた際に、「またあの話だ」とアンテナを立てるのには役に立っているんじゃないかなという気はします。

林 でも「マイノリティであることの苦しみ」というところまでは、中高生だったら届いてほしいですよね。

鈴木 はい。あとはそれプラス、自分の中のマイノリティ性とか、マイノリティを生み出してしまう社会の構造にまで、できれば高学年くらいから届いてほしいですね。やっぱり「ＬＧＢＴＱ＋を学ぶ」よりも、「ＬＧＢＴＱ＋を通して学ぶ」ということのほうが大事だと思います。あくまでＬＧＢＴＱ＋について学ぶことは入り口でしかないので、本丸はそこじゃないよねということは伝えていきたいと思っています。

林　逆に本丸さえ掴んでいれば、戻ってきても全然何でも大丈夫という感覚が私にはあります。

鈴木　その感覚、すごくわかります。中心のコアの部分を最初に知っておけば、他にどんなマイノリティ性のあるものがあっても応用が利くというか。

林　そうですね、「戻ってこられる」というフレーズ、すごくわかりやすいですね。ぼくのイメージだと、円や球体があって、その中心にコアな部分。もしかしたらそれが「共生社会の実現」なのかもしれないですが、その部分を押さえている人というのは、その外側に戻ってきたときに、表層にある様々なマイノリティについても対応できるんですよね。
　ちなみに、その「コア」を掴んでいる先生もこれまで学校の中にいっぱいいたんだなというのは感じています。

鈴木　コアは掴んでいるけど、アンコンシャスバイアスで差別的発言をしてしまっている先生もいると私は思っているんですよね。

林　確かに、それはいらっしゃいます（笑）。

林　そういう先生は、知識によって180度考えを変えることができるんじゃないかなとも思っています。

鈴木 それはあると思います、本当に。この本がきっかけになるとよいですね。

「わからなさ」を共有する

――今、「深いところまで…」という話が出てきました。学ぶきっかけとしてよい傾向だと感じますが、先生方お二人の想いとして、今後どのようなことが学校で求められてほしいかという展望を教えていただけますか？

林 個人的には、ＬＧＢＴＱ＋もそうですし、ＳＤＧｓ等もそうですが、「子どもに教える」ってことをもっと深く考えてほしいな、と思います。

鈴木 「深く考える」というところ、もう少し詳しく聞きたいです。

林 こういったテーマは特に、総合的な学習の中で扱われると思いますが、世の中にはたくさんの教材があります。それらの表面をなぞるだけだと、本当にもったいないことなんじゃないかなと考えています。

鈴木 私はそれを聞いて正直、耳が痛いと思いました（笑）。かつての自分だなと思います。今の話を聞きながら、自分がもし今、総合的な学習の時間を計画できたらもっと面白くできるのにな…と思いました。反省です。

林 それもやっぱり多忙さが邪魔しているところもあるかもしれないですね。「薄くなぞる」以上のことができない、現実の時間的な都合。もしかしたら先生たちも、それでいいと思ってないのかもしれないですね。

LGBTQ+についても同じことで、LGBTQ+を教えるのであれば、一回そのことに対して深く考えてほしい。結論は出ないかもしれないし、自分のその偏見に直面するかもしれない。でも、わからないままでもいいから、わからなさを共有するという形でもいいから、真剣に考えて伝えてほしいなと思っています。

鈴木 「わからなさを共有する」って大事ですよね。「先生も今、勉強中なんだよ」と子どもに開示できるのって大事なことで、子どもたちが学びの途中であるのと同時に、先生も学びの途中であるということが伝わるとよいですよね。学びの途中であるからこそ、深く考えるということへのアプローチになるんじゃないかなと、話を聞きながら思いました。

林　ヘテロセクシャルが当たり前っていう感覚から、いきなりLGBTQ＋に直面する人もいるわけですよね。そのとき、そんなに急に「多様性を大事にしようね」って、さらっと考えられるのかなって思うんです。苦しみもあるし、理解できなさもあるだろうし、それをちゃんとひとしきり考えてから、子どもに教えてほしいなと思います。

鈴木　林先生は、今でも自分には知らないことがあるとか、自分には子どもについてまだわかってない部分があるとか、そういった感覚はご自身の中にありますか？

林　私はもう、絶えずニイル[3]が言っていることが正しいと思ってる。「私たちは何もわかってない。子どもがどういう教育をすれば、子どもがよいほうに行くかなんて何もわかってない」っていうのが本当だと思うので。だから今、目の前に子どもがいて何かをしなければいけない立場にある以上、最善を尽くすしかないと思っています。

鈴木　ぼくはその意味で言うと、「無知の知」が自分の中でのキーワードなんです。

多分根っこでは林先生と同じだと思いますが、知っているようで自分で何も知らないんだなといつも思っているんですね。でも、「自分が無知である」というのを受け入れるのには、結構時間がかかったなとも思っています。「先生なのに知らない」が怖かったし、子どもや保護者や同僚に知識不足だと見抜かれるのが怖かったので、いつも理論武装してないといけない。でも、すべてのことを知ることができないので、すごく苦しいなと思っていました。

林　もちろんすべてを知ることはできないけれど、年齢的な事実として他の先生よりずっといろんなことを知ってるし、いろんなことを考えている自負はあります。その点では、自分は正直、知っていることが多いとは思っています。ただ、それはもちろんすべてではないし、全部正しいとは限らないという感覚は、絶対失わないと思います。

鈴木　同感です。だからこそ、目の前にどんな子どもたちが現れても、知らないところから、いい意味でゼロからスタートできる部分もありますよね。少しはバイアスがあるかもしれないし、自分の経験則で子どもを見てしまう部分もあると思うけれど、でもそれはほどほどに。自分の経験は使って、でも、自分の見えているものが正しいとは限らない。あまり自分のことをいい意味で信用してない部分があると思います。

林 そういう意味で言うと、前の本[4]でも書いたように、「真っ白な状態で子どもを見る」と考えれば、発達障害であろうとマイノリティ、マジョリティであろうと、その子のあり様をそのまま見て、その子に必要なものを考えるだけっていう、シンプルなことのような気がしますね。

鈴木 これが難しいんですよ、シンプルに見るのが（笑）。言葉にするとシンプルに見ると言うけど、じゃあ具体的な行動で言うと何なのでしょうね。私たちもこの本を進めながら考えていきたいです。

──「わからなさを共有してもいい」というお話。特にLGBTQ+等の問題は、もはや社会でも誰も「わかって」いないことだと思います。「正しく教える」ことが大切なのではなく、要するに先生がどういう姿勢で取り組んでいるか、ということが大切なのだと感じました。

林　みんなわかったふうなことを言っているけど、「わからない」が本当なんですよね。

鈴木　うまく言えないけど、「わからない」のままでも共存はできるんじゃないかなというのは感じています。わからないままでも安心、安全に生活することは、お互いにできるんじゃないかなって。

林　そう、わからないままでいいんです。

鈴木　うん、でもわかり合えたら嬉しい瞬間もあるじゃないですか。

林　まあね。だからやっぱり、子どもたちのリアクションがそのままですよね。「ゲイなんだ、ふーん」で。

鈴木　私もうまくすらすら言えないし、完璧な理解ができてはいないのですが、これが「ネガティブ・ケイパビリティ[5]」ですかね。曖昧なものを曖昧なままとして受け取る力。

林　もうちょっとポジティブなイメージだけどね。ネガティブ・ケイパビリティはマイナーな雰囲気がまとわりついている言葉ですよね。どっちかというと、「テイクイットイージー」のほうがイメージに近いかな。そんな難しく考えなくてもいいんじゃないの、何でもそんなに割り切れるものでもないし。そのままでも十分楽しいじゃん、というマインドでいます。

鈴木 そうですね、テイクイットイージー。レットイットビーも近いですね。

――お二人とも、ありがとうございました。本書を通して、読者のみなさまにはぜひ、「わからなさ」を知るきっかけにしていただけたらと思っています。

1 文部科学省「性同一性障害や性的指向・性自認に係る、児童生徒に対するきめ細かな対応等の実施について（教職員向け）」2016年
2 詳細は学びの場.com「小学生にLGBTQを教えたら、予想外の展開が！」を参照。
3 A・S・ニイル。イギリスの新教育運動の教育家。
4 林真未・川上康則『一人一人違う子どもたちに「伝わる」学級づくりを本気で考える』（明治図書）
5 詩人ジョン・キーツが不確実なものや未解決のものを受容する能力を記述した言葉。

コラム1

「わからなさ」を許してほしい

子どもの感じ方は様々、その背景には家庭の文化がある

たとえば、教室の室内温度が「寒い」と感じる子もいれば「快適」あるいは「暑い」と感じる子がいます。みんなで話し合ってワイワイ授業を進めたい子もいれば、じっくり静かな環境で考えたい子もいます。同じように、LGBTQ+に対しても、その存在を何の違和感もなくスーッと受け止められる子もいれば、そうでない子もいます。

それは、ごくごく当たり前のことです。だって、子どもたちは、今まで育ってきたそれぞれの家庭の文化を背負って学校にやってきていて、なおかつ性格も思いも、一人ひとり違うのですから。

きれいな言葉が、違う誰かを苦しめるかもしれない

けれど、教室でＬＧＢＴＱ＋理解教育を進めようとするとき、「理解できない」、「認められない」という意見は、〝間違ったこと〟として片づけられがちです。そして今度は、どうしてもその考えが捨てられない子が、人知れずマイノリティの苦しみを背負います。

つまり、ＬＧＢＴＱ＋当事者のしんどさに寄り添って、結論を「どの子も生きやすく」「多様性を認める」などスルっとした美しい言葉でまとめてしまうと、今度は、どうしてもそれに居心地の悪さを感じてしまう誰かを、苦しめるかもしれないのです。

ＬＧＢＴＱ＋だけじゃない。それが教室のリアル

教室という空間は、きれいごとだけでは成り立っていません。

何が正しいか、正しくないかにかかわらず、いろいろな考えの子がいる。それが教室の現実です。その現実の中では、当事者とそれ以外の子の思いが対立したり、すれ違ったり

することもあるかもしれません。

そんなときは、とことん話し合って、お互いの妥協点を見つけるしかない。けれど、もしかしたら、いくら話しても、わかり合えないままのこともあるかもしれない。

もしそうであったとしても、子どもたちには、LGBTQ+の子の「せつなさ・つらさ」を理解してほしいし、同時に、理解できない子の「わからなさ」も許してほしい。

だって、それこそが「多様性を認める」ということではないですか。

マイノリティもマジョリティも、みんな同じ、クラスの一員なのですから。

（林）

差別的な感情と差別的な言動は分けて考えたほうがよい

出張授業で「LGBTQ+に関して違和感、抵抗感があっても大丈夫だよ」と話すと、事後のアンケートでホッとしたというコメントが多く寄せられます。ある子が書いた、「違和感はなくならないけど、だからこそ自分の言動には気をつけたい」というコメントは、本当にその通りだと思いました。差別的な感情と差別的な言動は分けて考えたほうがよい、というのが私の意見です。

（鈴木）

第1章

LGBTQ+の子どもたち

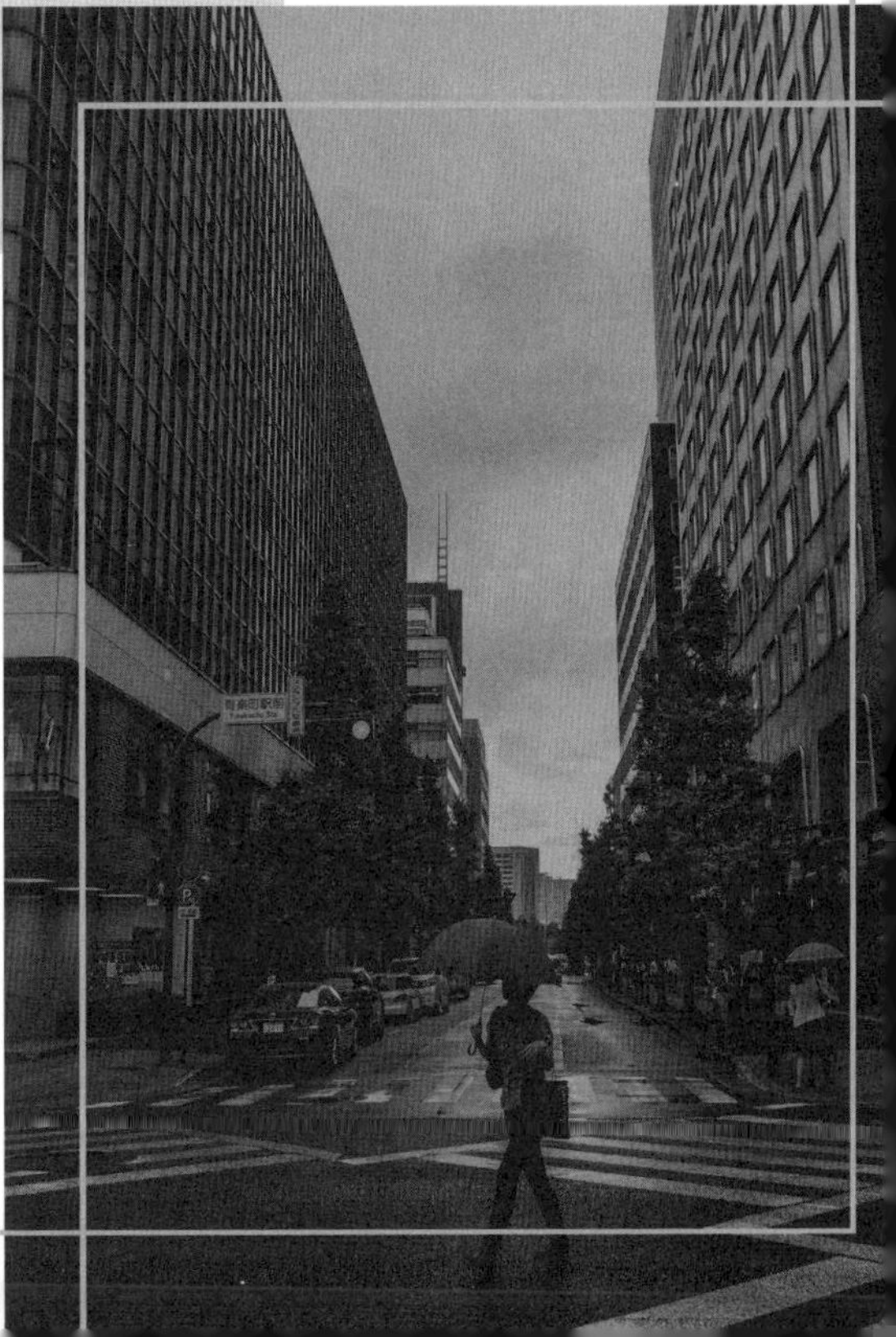

マイノリティの子どもはかわいそうな子どもたち？

「ＬＧＢＴＱ＋の方（＝性的マイノリティ）はかわいそうですね。頑張ってください」以前そう言われたとき、私（鈴木）は違和感を覚えました。確かに私は自分がゲイであることで、大変だったりつらかったりしたことがあります。でもそれはかわいそうなことだったのだろうか？　他の人も体験するであろう人生の喜怒哀楽と違いはないのでは？

きっと「マイノリティ」という言葉が、その人の困難さや脆弱さ、大変さを大きく連想させるのでしょう。確かに私はゲイの当事者＝「マイノリティ」ではありますが、同時に小学校教員でもあり、一人の人間として、人生の喜びも、よさや強みもあります。「マイノリティ」の子どもたちにも、よさや強みがあります。

第１章では、困難さもよさも強みも内包する様々なＬＧＢＴＱ＋（＝性的マイノリティ）の子どもたちをイメージしながら、具体的な姿を書きました。「あ、こういう子いるかも」「こんな対応なら自分にもできそう」「どんな子と出会っても大丈夫そうだな」と感じていただけたら幸いです。

登場キャラやその言葉の行間も見つめてほしい

登場キャラは、見開き二ページで一人分です。タイトル脇に書かれていることは、登場キャラの基本プロフィールです。性自認や性的指向、その気づきや揺れについて書かれています。その子の得意なことや好きなことも紹介してあります。次に書かれていることは、登場キャラの詳細についてです。その子の内面や周囲との人間関係についてイメージを膨らませてください。最後には、その子に対しての具体的なかかわりや、関係する方の「こんな感じの心構えでいかがでしょうか」について書きました。

ここで、読者のみなさんと一緒に考えたいことがあります。二ページという紙幅で登場キャラのすべてを語ることはできません。またこの章を書いた私もゲイ当事者ではありますが、ＬＧＢＴＱ＋のすべての方々を代表することはできません。私の視点や提案が完璧なわけでもありません。この二ページの中に書かれていない登場キャラの行間を、みなさんなりに自由に想像して読んでいただけると幸いです。自分の中にある思い込みのフィルターを意識しつつ、登場キャラとの出会いがよりよいものになるよう願っています。

01

同性が気になる　マサシさん

マサシさんは勉強が得意で、特に数学と社会が好きで、自信をもっています。

自分は同性が恋愛対象なのかもしれないということに不安があります。

仲のよい友達や信頼できる先生はいますが、誰にも相談したことはありません。

ＬＧＢＴＱ＋に関するＳＮＳはチェックしていますが、誰かとやりとりをしたこともないです。

小学生のときに気づいた「同性へのドキドキの気持ち」

マサシさんは中学校二年生。スポーツよりは勉強が得意なタイプで、そのことにある程度自信をもっています。友達とのコミュニケーションも良好で、信頼もあついです。それもあり、部活の卓球部ではキャプテンを任されています。小学校一年生のときに初めて同性への性的指向の気づきがありました。近所のお兄ちゃんたちとかくれんぼをしているときに、年上のお兄ちゃんと二人きりで一緒に隠れていました。声を潜めて隠れているので、体の距離も近く、そんな状況にマサシさんはとてもドキドキしました。お兄ちゃんたちに憧れの気持ちもありました。

しかし周りの男友達は、好きな女の子（異性）の話で盛り上がっています。マサシさんは「自分はなんかおかしいなあ」「好きな女の子もいるけど、お兄ちゃんたちも好きだなあ」「この気持ちは何だろう」と思っていました。先生や大人に話すことも考えましたが、なんとなく「馬鹿なこと言ってるんじゃない」「それはおかしい」と言われるような気がして、親にも先生にも伝えることができませんでした。

「それは問題ないよ」正確な情報を早めに届けたい

昔はテレビを見ても、絵本を読んでも、女性が男性を好きになり、男性が女性を好きになるというモデルがほとんどでした。また周りの子ども同士の会話も大人同士の会話も、「異性愛前提」で進んでいくことがほとんどでした。それは仕方ないこととはいえ、もっと世の中と人々の多様さを知る機会があれば、マサシさんの悩みも小さくなったことでしょう。学校の授業、図書室の本、学校掲示板の写真新聞などでＬＧＢＴＱ＋に関する情報を積極的、予防的に発信することが大事です。それは校内でカミングアウトしている子がいてもいなくてもです。すべての子どもにとっての、よい学びになります。

02

同性が気になる　ひなさん

ひなさんは、控えめな性格。高校内で友達が多いタイプではありませんが、数人の友達とは仲のよい関係を築いています。自分の性的指向については、はっきり気づいています。学校の中に好きな同性の先生がいます。部活には入っていないですが、読書や映画が好きで、没頭できる時間が好きです。親にはまだ、自分がレズビアンだということをカミングアウトしていません。

憧れの先生がいるから頑張れる「好きな先生にもっと近づきたい」

控えめな性格のひなさんは、高校二年生。集団の中で前へ前へ出るタイプではありませんが、クラスでは安心安全に過ごしています。口数は少ないですが、誰かにからかわれたりすることはありません。読書や映画が好きで、放課後の時間を楽しみにしています。自分の性的指向についてはなんとなく中学校のときには感じていて、特にそのことについては問題に思っていません。中学校のときにも気になる同性の女の子がいましたが、遠くからその子を見るのが精いっぱいでした。

高校に入ってから、数学担当の女性の先生を好きになりました。生徒の話をよく聞いてくれる先生で、おしゃれな感じ。クラスの担任の先生ではないので、数学についての質問などで、なにかと接点を意図的につくってきました。その先生にも自分のことを気にかけてもらっていて、そのことに満足しています。

家族とは、割と何でも話せる関係。特に母親とは、ほどよい距離感で話ができています。企業に勤務している母が、会社でＬＧＢＴＱ＋の研修を受けたことがあることを話してくれたことがありました。とても勉強になったと、母は話していました。

いつもいつも「困っている」とは限らない。先生への恋

ＬＧＢＴＱ＋の子どもたちが、24時間365日いつも困っているということではありません。学校で勉強をし、友達と過ごし、放課後の余暇を楽しんでいることもたくさんあります。ひなさんのように時々、好きな女性の先生を思い出しながら幸せな気持ちになることも。

担任や教科指導をしている40人弱の生徒たちの、性自認や性的指向を見た目だけで決めつけず、いろいろな可能性をもっていると意識しておくことは大切です。その意識があることで、生徒や同僚への言動もインクルーシブなものになっていきます。

03

制服と髪型の校則に不満がある　らんさん

生まれたときに割り当てられた性別は男性。子どもの頃から性別に違和感がありました。七五三で男の子らしい衣装を着せられたときに、それが嫌で泣いていたことがありました。小学生の頃は、「男らしさ」「女らしさ」どちらにも当てはまらない服装や髪型でした。短髪と学ランが嫌で、不登校の時期がありました。学校で勉強したい気持ちをもっています。

揺らぐ性自認
「自分がトランスジェンダー女子かどうかまだわからない」

らんさんは中学校一年生。歌やダンスが好きで、日本海外問わず話題のアーティストは必ずチェックしています。生まれたときに割り当てられた性別は男性ですが、物心がついたときから自分が男の子であることに違和感がありました。二歳年上の姉がいて、自分もいつか姉のようにスカートやかわいい服を着たり、アクセサリーを身につけたりすることができると思っていました。七五三で男の子らしい衣装を着せられたときに、それが嫌で泣きわめいていたことは明確に記憶に残っているそうです。小学生になってから、よりかわいらしい服装に興味をもつようになり、姉の服をこっそり着たりしていました。最初は両親も姉もその様子を見るたびに注意をしてきたものの、しばらくすると根負けして好きな服を選ばせてくれるようになりました。自分の着たい服を着られているときは、とても気分がよくて、穏やかな気持ちでいられました。

小学校を卒業し、進学した中学校には制服の選択制度がなく男子は学ラン。勉強が嫌いなわけではありませんが、「男子は学ランで髪型は短髪」という校則が苦痛で今は中学校には通っていません。少しでも校則が変われば、学校で勉強したいと思っています。

どのような条件が整えば行きたい学びの場に通えるか未来志向で考える

らんさんに関して大切なことは、大人が勝手に「らんさんはトランスジェンダー女子なのだ」と決めつけないことです。らんさんから、明確に発言があるまでは待つのがよいでしょう。それよりも、らんさんは学校に行くことを選択肢の中に入れているので、「どのような条件が整えば、行きたい場所で学べるか」を本人とともに考えることが必要です。たとえば、ジャージ登校や私服登校を許可することかもしれません。ちょっとした発想の転換で子どもが学びたい場で学べるのであれば、ぜひその工夫をしてみましょう。

04

性的指向に揺らぎがある　ゆうきさん

ゆうきさんは小学校六年生。クラスの中では明るく活発です。

男女分け隔てなく、なるべくクラスのたくさんの友達と仲よくしたいと考えています。

出生時に割り当てられた性別は女性。これまで好きになるのは、ずっと異性の男の子でした。

最近、気になる女の子ができましたが、初めてのことで少し戸惑っています。

揺らぐ性的指向
「同性である女の子を好きになり、初めてのことで戸惑っている」

ゆうきさんは、小学校六年生の女の子です。ハキハキした性格で、明るく活発です。休み時間は男子とサッカーをしたり、女子とおしゃべりしたりと、交友関係も広いです。本人も男女分け隔てなく接したいと考え、たくさんの友達とかかわることに楽しさを感じています。

小学校四年生くらいに、初恋が訪れます。クラスの男子を好きになりました。告白をすることはなかったけど、その子と遊んだり一緒に帰ったりすると、ドキドキする気持ちに気づきました。その後も好きな男子が何人かできましたが、最近、女子に対してもドキドキの気持ちが芽生えてきました。今まで異性をずっと好きになってきたので、同性の女子にドキドキする気持ちが芽生えてきたことに、少し混乱しています。「世の中には同性を好きになる人がいる」ということは、ニュースで聞いてなんとなく知っていました。しかし、自分に好きな女子ができたことに、戸惑っています。このことはまだ誰にも言っていません。

情報は一回伝えて終わりではない いろいろな場面で「何回も繰り返し」伝える

ＬＧＢＴＱ＋に関する情報をもっていても、実際に自分が当事者となると戸惑う気持ちは理解できます。学校で「人と違う部分がある」「マイノリティである」ということが、まだまだ安心安全な状況になっていないのかもしれません。私たちにできることは「世の中、いろいろな人がいるんだよ」「みなさんも多様性を構成する一人なのですよ」「不安なことがあれば、相談の準備はできていますよ」ということです。ゆうきさんがもし、今感じている不安や戸惑いを話してくれたら、「気持ちを話してくれてありがとう。同性を好きになることは、変なことではありませんよ」と伝えて安心させてあげたいですね。

05

かわいいぬいぐるみや洋服が好きな　そらさん

そらさんは、小学校二年生。幼稚園の頃から、かわいいぬいぐるみが好き。髪を伸ばしていて、自分は女の子だと自分で親に言っています。女の子の洋服やスカートをはいています。出生時に割り当てられた性別は男。幼稚園では好きな服装で過ごしたり、遊んだりしていました。小学校入学から、先生方と学校での過ごし方について継続して相談をしています。

幼稚園・保育園から小学校への滑らかな移行と接続

そらさんは、出生時は男の子として生まれました。幼少期から女の子が好むような服装やおもちゃに興味が芽生えます。そらさんには二歳ずつ年の離れたお姉ちゃんがいます。家の中に日常的に、女の子らしい服やおもちゃ、絵本などがありました。そらさんもお姉ちゃんたちとともに、そういったものに囲まれて遊んでいました。

両親は男の子らしい服装やおもちゃを意図的に買い与えたり促したりしてきましたが、そらさんはいっこうに興味を示しませんでした。七五三のときは袴姿の衣装で写真スタジオに行き撮影しましたが、そらさんは「この服は嫌だ」「お姉ちゃんたちみたいなのがいい」とずっとぐずっていました。両親はどうにかなだめすかして写真を撮ることはできましたが、そらさんの顔は曇ったままでした。このことをきっかけに両親は話し合い、なるべく本人が楽しく安全に暮らせるよう、そらさんの好きなものをこれまで以上に大切にするようにしました。

そらさんの両親は、早め早めに幼稚園の先生に相談し、対応について意見交換をしました。入園のときから女の子として生活して、友達や園の先生とかかわったり、遊んだりすることができました。周りの子も女の子として認識しています。保護者には保護者会で説明しましたが、ポジティブな反応で両親も安心しました。

大切なことは、その子が集団の中で「安心安全に過ごせること」

幼稚園・保育園から小学校に移行するときには、早め早めの対応と相談が大切です。入学前の就学時健康診断時の校長先生や養護教諭、カウンセラーとの面談の機会をつくるとよいと思います。幼稚園・保育園で「どんな対応がうまくいっていたのか」を引き継ぐことにより、小学校の先生たちもある程度そのやり方を踏襲できるからです。

06

「男」「女」どちらにも当てはまらないと感じる　りょうさん

りょうさんは、中学校三年生。出生時に割り当てられた性別は男性。「男らしく」と周りが使っている意味がよくわからなくて、男であることに違和感があります。かといって自認が女であるというわけではありません。どちらにも当てはまらないと感じています。中学校では吹奏楽部に入っていて、パーカッションを担当。部活仲間と仲がよいです。

自分の性に関して「男」「女」の枠に当てはまらない

りょうさんは、出生時は男の子として生まれました。小学校に入学したくらいから、学校の中の男女分けに違和感を覚えるようになりました。また家や地域で暮らしていても、「男は男らしく」「女は女らしく」という言葉に抵抗感を感じるようになりました。「自分は出生時に割り当てられた性別は男性だけど、男女どちらでもないと感じている。どうしてみんな男女にこだわるのだろう」と不思議に思っています。中学校の制服はブレザーとスラックスをはいていますが、これに関してはあきらめの気持ちがあります。家に帰ってからはすぐに自分の好きな服装に着替えます。男女差の目立たない、ユニセックスでゆったりとした服装が好みです。最近はそういったアイテムが多く売られていることもあり、月に一回の買い物を楽しんでいます。周りの友達や先生、親も服装や振る舞いについてしつこく言ってくることもありましたが、自分のスタイルを貫いた結果、今はそのことを言ってくる人はいません。「りょうはりょうだから」というスタンスで付き合ってくれる友達の存在を心強く思っています。

「男女どちらにも当てはまらない」という本人の感覚を、そのまま受け取る

私もかつては人間の性別は「男」「女」以外は存在しないと思っていました。性自認（ジェンダーアイデンティティ）という性を構成する要素も知りませんでした。最初は「男女どちらにも当てはまらない」という言葉を聞いて、「そんなことあるのか?」と違和感を覚えました。しかし今はいろいろな方のお話やご経験を通して、「そういう性のあり方も存在するのだな」と思えるようになりました。学校の中に根強く残る「男女分け」をゆるやかにすることで、さらに居心地のよい学校になると感じています。

07

他者に対して恋愛感情・性的欲求がほとんどない　せらさん

せらさんは高校三年生です。出生時に割り当てられた性別は女性。

これまで誰かを好きになったり、性的欲求を感じたりしたことがありません。

そもそも、恋愛感情や性的欲求というものがどんな感じなのかよくわかりません。

高校のクラスや友人関係の中で恋愛の話が出てくると、どう振る舞えばよいかわからず悩んでいます。

人は誰でも他者に対して恋愛感情や性的欲求をもつとは限らない

せらさんは18歳の高校三年生です。中高一貫の私立の高校に、中学生から通っています。勉強をするのはそんなに好きではありませんが、理数系の科目は割と得意です。分け隔てなく誰とでもコミュニケーションをとることができるタイプで、誰からも好かれやすいところがあります。ですので、友達と会話をしているときに恋愛の話になることがよくあります。友達から「せらはどんな人がタイプなの？」「同じクラスのA君、せらに興味あるって噂で聞いたよ」と言われるたびに、どう振る舞えばよいか悩んでしまいます。

せらさん自身は、誰かを好きになるという「恋愛感情」をもったことがなく、そういった感情がないと思っています（アロマンティック）。また、好きな相手に触れたい、ハグしたい、キスしたいという「性的欲求」を感じたことがありません（アセクシュアル）。どちらも自分の中でよくわからないし、言語化できずにいます。人への説明が面倒なので、「好きな人？　まだいないんだよね」とはぐらかす毎日ですが、その質問は鬱陶しいと感じています。

他者に「恋愛感情」「性的欲求」をもたない、感じないアセクシュアルの子どもたち

私たちはいつ、他者に関する恋愛感情や性的欲求に気づいたでしょうか。その自分探しの、まだ途中の方もいらっしゃるかもしれません。いつからか「恋愛をするのが素敵なこと・当たり前のこと」という空気を、感じる瞬間があったかもしれません。児童・生徒との雑談の中で、「恋愛すること、誰かを好きになること、それは問題なくよいことだと思うよ。でも恋愛感情とか特にないという人もいるから、そういうことも知っておいてね」とひと言添えることが大切です。アセクシュアル本人の児童・生徒も安心しますし、その周辺にいる児童・生徒もそういう人の存在を知識として獲得することができます。

08

性的指向が同性の女子に向くことがはっきりしてきた　かなこさん

かなこさんは大学三年生です。大学卒業後は一般企業への就職を希望しています。

高校の頃から外部のボランティアサークルに所属し、学校以外の人とかかわるのが好きです。

大学一年生の頃までは性的指向の揺らぎがあり、男性と付き合ったこともありました。

性自認（ジェンダーアイデンティティ）は女性で、性的指向も女性だと明確になってきました。

人との出会いや経験、揺らぎの中で見えてきた「同性が好き」という性的指向

かなこさんは、都心部の私立大学に通う大学三年生です。卒業後の進路を見据え、就職活動に力を入れています。高校の頃から学校外のボランティアサークルに所属し、子ども食堂や学童保育で活動してきました。小学生の頃から性的指向の揺らぎがあり、男の子を好きになったり、女の子を好きになったりしてきました。どちらともお付き合いをしたことがあります。

大学に入ってからは、ＬＧＢＴＱ＋関連のイベントでボランティアをすることになり、自分と同年代や年上のＬＧＢＴＱ＋の当事者との出会いも、圧倒的に多くなりました。そ

の団体には、社会人でありレズビアンであることを社内でオープンにしている社会人の先輩もいて、大いに刺激を受けています。このレズビアンの先輩に対する恋愛感情が大きくなり、かなこさん自身も自分の性的指向が同性に向くことにはっきり気がつきました。かなこさんは自分のロールモデルが見つかった気がして、今は自分がレズビアンであるということに安心しています。

近い将来の自分の姿「ロールモデル」の存在は、とても大きい

かなこさんは性的指向の揺らぎ、自分探しの旅の中でいろいろなことを経験してきました。男性や女性とのお付き合いもして、自らの性のあり方を模索してきました。

もともと人との交流が好きなかなこさんは、ＬＧＢＴＱ＋関連のボランティアを通して、社会人の先輩と出会いました。その方のレズビアンとしての経験や、企業のＬＧＢＴＱ＋に関する取り組みに触れることで、自分の近い将来をイメージすることができたのかもしれません。かつての私たちと同じように、ＬＧＢＴＱ＋、もしくはそうかもしれないと感じている若者にとっても、ロールモデルの出会いや存在はとても大きいです。

09

海外にルーツのある　テイさん

テイさんは小学校六年生です。お父さんのルーツが海外（アジア）です。お母さんは日本人で、テイさんは家の内外で日本語を使っています。
テイさんは最近、自分の性的指向が男性ではないかと感じています。同性の親友と一緒にいるとドキドキすることが多くなってきました。自分のことは男子だと感じています。

海外にルーツがあること　ゲイかもしれないこと　二つのマイノリティ

テイさんは小学校六年生です。海外（アジア）で生まれたお父さんは、日本に来てアジア料理店を開きました。日本で出会ったお母さんと結婚し、テイさんが生まれました。テイさんは生まれてからずっと日本で暮らしています。家族はみな日本語でコミュニケーションがとれます。お父さんの母国語にも興味のあるテイさんは、時々お父さんからそれを習っています。

学校のみんなも、テイさんのルーツが海外にあることを知っています。お父さんのお店に、食事に来る友達もいます。昔はそれをからかう友達もいましたが、今はそういったからかいはありません。

テイさんは体を動かすのが好きなタイプで、サッカー、バドミントンが得意です。いつも一緒に遊ぶ親友のことが最近気になっています。その親友が他の人と話していると、うまく言えないけど悔しい気持ちになります。前に学校で「ＬＧＢＴＱ＋」の相談カードが全員に配られ、そこで初めて言葉や意味を知りました。もしかしたら自分もそのどれかに当てはまるかもしれないという不安も少しありますが、相談できる人もいるので大丈夫だと感じています。

国のルーツ、発達の特性、性自認や性的指向など、マイノリティ性の重なり

テイさんのルーツが海外にあるということを、周りの人は知っています。ですが彼の性的指向については知りません。つまり見えている部分はその人の一部分でしかないかもしれません。マイノリティ性の重なりの部分は、時としてより大きな困難さにつながることがあるので理解しておくことが大切です。見えない部分に思いをはせることで、なにかトラブルが起きたときに私たちが落ち着いて子どもの話を聞くことができると思います。

10

バイセクシュアルの自覚がある大学生　キヨさん

キヨさんは大学三年生です。出生時に割り当てられた性別は女性で、性自認も女性です。性的指向はバイセクシュアルという自覚があります。同性の人とも異性の人ともお付き合いしたことがあります。対人関係に苦手意識があり、もしかしたら自分は発達障害かもしれないと感じています。

同性とも異性ともお付き合いの経験あり　しかし長く付き合うのが難しい

キヨさんは都内の国立大学に通う、大学三年生です。小学校や中学校で自分にとってよい先生との出会いがあり、将来は学校の先生になりたいと思っています。大学も小学校・中学校の教員免許が取得できる教育学部を選びました。中学生の頃から自身の性的指向の気づきがありました。クラスメイトの男女に関係なく恋愛感情をもち、先生たちに対しても恋愛感情がありました。友達が多いタイプではありませんでしたが、気の合う友達と深く付き合うことが多かったです。誰かと一緒にいないと不安になるけど、誰かとずっと一緒にいると疲れてしまう。一人の時間も大切にするキヨさんは、周りから「ちょっと個性的な子」と見られていることを感じていました。

中学生のときは、仲のよかった同性の女の子に告白しました。その相手は「お付き合いってよくわからないけど、キヨちゃんならいいよ」とオッケーをもらいました。高校生のときは、同じクラスの異性の男の子に告白されて付き合ったこともありました。デートは学校から一緒に帰ったり、休みの日にお出かけしたりしました。同性と付き合っていても異性と付き合っていてもキヨさんは楽しいのですが、誰かとずっと一緒にいると疲れやすく、不機嫌になることがあります。それが相手に伝わって、ケンカになることもありました。コミュニケーションが上手でない自分に、少し悩んでいます。

発達の特性と性自認・性的指向の重なり

多様性というのは個人の中にも内包されていると感じます。性自認・性的指向・出自・発達の特性・障害の有無は重なることがあることを知っておくことが大切です。大学生のキヨさんは、今のところ自分の困り感に自分で対応できているようです。なにか相談されたときは、大学の学生相談室などについて情報提供するとよいでしょう。

11

ゲイの自覚がある高校生　ヨシさん

ヨシさんは高校二年生です。出生時に割り当てられた性別は男性です。最近、自分の性的指向が男性ではないかと感じています。高校の授業で、ゲイ当事者の方が講演会でＬＧＢＴＱ＋について話してくれる機会があり、より明確に自分もゲイに当てはまると感じています。自分の家が経済的に厳しく、進路についても悩んでいます。

ゲイであることが明確になりつつある悩みと、家庭の経済事情の悩み

高校二年生のヨシさんは、小学生の頃から性的指向が同性に向いているかもしれないという気づきがありました。ただ小学生の頃は性的指向に揺らぎがあり、近所のお兄ちゃん、同級生の女の子、女性の学校の先生、男性の学校の先生と好きな人がたくさんいました。周りの男友達は、みんな好きな女の子（異性）の話で盛り上がっていました。ヨシさんは「自分はなにかみんなと違うな」「自分って変なのかな」「周りと違うから、それがバレていじめられたらどうしよう」と、不安に思う気持ちがありました。高校生の今は、友達から「ヨシって女の子でいうと誰が好きなの？」「アイドルでいうと誰が好きなの？」とい

う質問が増えて困っています。今のところ特定のアイドルの名前を出すことでごまかし通していますが、嘘をつき続ける自分に少し罪悪感もあります。

高校二年生になり、卒業後の進路も気になっています。五人兄弟の長男であるヨシさんは、家が経済的に厳しいこともあり、大学の学費は奨学金などで、自分で捻出せざるを得ないと考えています。中学校のときに出会った若い男性の先生が、ヨシさんの家の悩みをよく聞いてくれたこともありました。ヨシさんはその先生に好意を抱き、中学校の先生になりたいとずっと考えてきました。

家のこと、性的指向のこと、進路のこと重なる部分が、よりしんどくなる

性的指向の悩み一つだけでもしんどい気持ちになることがあるのに、そこにさらに家のことや進路のことが重なると、よりしんどくなることがあります。ヨシさんにかかわっている先生方は直接ヨシさんから話を聞いたことはありませんが、講演会でＬＧＢＴＱ＋について話してくれた講師の先生からもらった電話相談・対面相談のチラシを全校配布することにしました。全校配布にすることで、当事者の生徒を狙い撃ちせずに済みます。

12

レズビアンかもしれない小学生　のあさん

のあさんは小学校六年生です。出生時に割り当てられた性別は女性です。本を読むのが好きで、いろいろな情報を本から取り込むことが多いです。学校の図書室にあったLGBTQ+を知る本を読んで、自分がレズビアンかもしれないと今は考えています。のあさんが自分自身のことを振り返ると、これまでも好きだなと感じる女の子がいました。

多様な性に関する関連書籍、ニュース、SNSから、知る機会が増えてきた

小学校六年生ののあさんは、本を読むのが好きです。特に歴史や海の生き物に関する本が好きです。小説もよく読みます。学校の図書室にもよく行くので、司書の先生に「何か新しい本はありますか?」と聞くこともあります。そのときに多様な性に関する本を紹介してもらいました。普段読まないジャンルだけど、司書の先生のすすめもあって読むことにしました。

その中でLGBTQ+について知りました。のあさんは自分を女の子だとずっと思ってきたので、L（レズビアン）の説明が印象的でした。自分も前に仲のよい同性の友達を好

きになったことがあったからです。その子ともっと遊びたい、一緒にいたいという気持ちが大きくなったこともありました。他の子と話していると、嫉妬することもありました。

しかし「同性を好きになってもいいのかな？」と感じたのあさんは、カウンセラーの先生に相談しに行きました。のあさんの話を最後まで聞いたカウンセラーの先生は「のあさん、今の気持ちを話してくれてありがとう。同性を好きになることは全然変なことじゃないから、安心してね。今の自分の気持ちや考えがとても大事よ」と話してくれました。さらに「この先、のあさんの『好き』の対象や相手が変わっても変わらなくても大丈夫だからね」と付け足してくれました。のあさんは、カウンセラーの先生に相談して本当によかったと思いました。

学校の中の様々なリソース（資源）に目を向け、相談する力を高めさせる

私は子どもたちに、「人に相談することは賢い行動だよ」「誰かに相談したらうまくいった！　という経験をたくさんしてね」と話しています。かかわる子どもが直接自分に話してくれなくても、他の誰かを頼る経験ができるように日頃から意識しています。

13

トランスジェンダーの中学生　まなとさん

まなとさんは、中学校三年生です。出生時に割り当てられた性別は女性で、自分のことを男性と認識している
トランスジェンダー男性です。本名は「まな」ですが、学校では通称名で「まなと」を使っています。友達や
先生からも「まなと・まなとさん」と呼ばれています。
家族や学校の先生、友達の理解もあり、楽しい毎日が送れていると感じています。

性に関する疑問や違和感があったときに、大人がちゃんと話を聞いてくれた

中学校三年生のまなとさんは、トランスジェンダー男性です。幼い頃からサッカーが好きで、男女分け隔てなくサッカーで遊んでいました。小学生の頃は、学校対抗のサッカー大会にも出たことがあります。まなとさん自身が言われたことはありませんが、周りの人が他者に対して「男らしくしろ」「女らしくしなさい」という言葉に嫌な気持ちがありました。この頃から、自分のことを女性ではなく男性だと感じるようになりました。

中学生になってから、勇気を出して母に「自分のことを男性だと感じる」とカミングアウトをしました。母は否定することなく最後まで話を聞いてくれ、「大事なことを話して

くれてありがとう。あなたがそう感じることは、変なことではないよ」と話してくれました。その後、母から父に話が伝わり、父も「まなとが元気で過ごせることがいちばん大事」と話してくれました。

その後、両親とまなとさんの三人で学校に相談に行き「学校にお願いしたいこと」を先生方に伝えました。先生方は既にLGBTQ+に関する研修を受けた経験があり、「まなと（通称名）を使うこと」「全校生徒には各クラスの担任の先生から、まなとさんのことを話すこと」を了承してくれました。お手洗いに関しては、まなとさん自身が「周りからの見られ方が気になる」ということで、男子トイレではなく誰でもトイレを使うことを希望しました。

子どもや保護者から相談があったときには、最後まで相手の話を聞く

LGBTQ+のことにかかわらず、相手の話を最後までしっかり聞くことが大事です。相手の話すことがなくなるまで、「学校や先生にやってほしいこと」「やってほしくないこと」を把握します。具体的な対応については、その後に話をするのがよいでしょう。

14

シスジェンダーでヘテロセクシュアルの大学生　たつとさん

たつとさんは、大学二年生です。出生時に割り当てられた性別は男性で、自分のことも男性と認識しているシスジェンダーの男性です。性的指向は女性で、ヘテロセクシュアルです。たつとさんの性のあり方はマジョリティ（多数派）です。中学校でも高校でも、身近にカミングアウトをしている友達がいました。たつとさんにとってＬＧＢＴＱ＋の人は、身近な存在だと感じています。

シスジェンダー、ヘテロセクシュアルも多様な性のあり方の一つ

大学二年生のたつとさんは、勉強にサークルにアルバイトと忙しい日々を送っています。小学生の頃からＬＧＢＴＱ＋についてニュースなどで見ていたので、なんとなくそういった方々の存在は知っていました。「同性同士で付き合っている人もいる」と知ったときには少し驚きましたが、関連のニュースがいくつも流れてくるので慣れてきた経緯があります。

中学校と高校のときには、クラスメイトや友達から「実は自分、好きになるのは同性なんだ」「私、もしかしたらノンバイナリーかもしれない」とカミングアウトされた経験があります。たつとさんは「どうしてカミングアウトの相手として、自分が選ばれたのか

な?」と不思議に思っていました。ある日なんとなく、カミングアウトをしてくれた友達に「前に俺にカミングアウトしてくれたよね? なんで俺に話してくれたの?」と聞いてみました。するとその友達が「だって、たつとは普段からみんなと分け隔てなく付き合っているじゃん。だからカミングアウトしても大丈夫だと思ったんだ」と話してくれました。

それを聞いて、たつとさんは今まで以上に自分の言動を考えるようになりました。「なにか自分にできることがありそうだ」と思い、現在は大学のLGBTQ+とアライ(支援者・理解者)のサークルでも活動をしています。

LGBTQ+の方も、アライの方も、みんな多様な性を生きている

LGBTQ+について授業などで扱うときに、知識理解の部分だけに重きを置くと「LGBTQ+の方はかわいそう」「助けてあげたい」という感想になりがちです。それも決して間違いではないのですが、「世の中のマイノリティの方々が特別な存在なのではなく、既に私たちとともに生きている方々である」という視点が大切になります。集団の中にたつとさんのようなアライの仲間を増やすことで、安心安全な教室を目指したいものです。

コラム2

「デトランジショナー」を知っていますか

デトランジショナーって？

２０００年代に入ってから、欧米では、ＬＧＢＴＱ＋概念の広がりとともに、トランスジェンダーを自覚し、カミングアウトする子どもが増えました。彼らは、当時主流だったトランスアファーマティブヘルスケア（性別変更を積極的に肯定する治療）を受け、早い段階で思春期成長抑制剤、ホルモン治療、乳房除去、卵巣摘出、性器形成等の外科治療により、望んだ性を手に入れました。

しかし、成長した彼らの中には、再びその性に違和感をもち、元に戻るための再手術を受ける人がいます。

デトランジショナーというのは、そのような、トランスジェンダーから出生時に割り当てられた性に戻った人たちのことです。

子どもも大人も性自認は変わりうる

実は、子どもの性自認は、その時点で確定できるものではないそうです。また、成人してずいぶん経ってから、性自認が違うと思い至る場合もあります。

子どもは、●性自認の揺らぎ、●同性を好きになることを合理化するため、●社会が求めるジェンダー（性別役割）への抵抗、●トランスジェンダーをクール（カッコいい）とする時代の影響、●動画サイト、SNS等からの情報、●心理的外傷から逃げるため、●精神疾患の理由として、●発達障害の影響、●「特別な事情をもつ子をケアする特別な人でいたい」という親の期待に応えるため、等々、様々な要因で、自分をトランスジェンダーだと考える場合があるとのこと。そして、トランスジェンダーの概念が広く知れ渡り、トランスアファーマティブヘルスケアが治療の中心になったため、そのような子どもたちも、トランスジェンダーとして治療を受けてしまったのです。

ホルモン治療や外科治療は、一度施したら、再治療をしても完全に元に戻ることはできません。また、健康への副次的な影響もあります。欧米では、デトランジショナーや医療関係者がこの問題を提起し、早急な治療に警鐘を鳴らしています。それを受け、現在では多くの国で、医療的ケアは成長して充分な判断能力がついてから、という考えに変わってきています。

目の前にトランスジェンダーの子どもがいたら

日本では、思春期成長抑制剤を使いつつ性自認の確定を待つべき、欧米の教訓をふまえて成人するまで治療を猶予すべき等、様々な意見があります。一方、実態としては、厳しい規定があったり、費用が高額であったりすることから、幸か不幸か、トランスジェンダーの子どもの医療的ケアは広まっていません。個人的には、身体や見た目にこだわることそれ自体からも自由になって、自認する性で生きられればいいのに、とも思います。

……けれど、目の前に、狂おしいほど自分の身体を変えたいと願う子がいれば、きっと、私の心は揺らぐでしょう。（林）

第2章

LGBTQ＋の子どもたちの声にどう向き合う？

誰にも言わなかった
ＬＧＢＴＱ＋の子どもたちの
心の中のつぶやき
大人になった彼らに
そっと教えてもらいました。

さて
今、目の前に
ＬＧＢＴＱ＋当事者のＡさんがいたら
教室の「ふつう」に心がざわつくＢさんがいたら

いったい
何をするだろう
何を言うだろう

アライの林と
当事者の鈴木の
二人の小学校教師が
自分ごととして
一所懸命
考えました

（注：各エピソードは、複数の証言を元に再構成したものです）

【トランスジェンダーのAさんの声】

髪を切って学ランを着るのがイヤでイヤで

「私の不登校のきっかけは、学ランです。それから短髪。髪を切って学ランを着るのがイヤでイヤで、それで、学校に行けなくなってしまったんです」

林先生ならこう向き合う

私が中学校の先生だとして、入ったばかりの生徒が不登校になっても、それがＬＧＢＴＱ＋の子特有の悩みが原因、と気づくことはできないと思います。本人と定期的に会って信頼を得て、その心の内を共有してもらえれば、やれることはあると思うけれど…。

私が中学生なら、女子なのに学ランとショートヘアで学校に行けたら嬉しい。そう考えると、彼女がスカートや長髪にこだわるのは、女性である証拠を、外見に求めなければならないからなのかな……。

鈴木先生ならこう向き合う

まずは本人の気持ちを聞きます。「学ランを着るのが嫌なんだね」「髪を短くするのが嫌なんだね」と会話を重ねながら、話すことを受け止めます。その後は少しこちらから、「学校に行っていたときは、行っていた理由はある？」「学校の何が変われば、通うことができそう？」などの質問をします。現状を変えることができそうな「リソース探し」をすることで、本人がどうしたいかをともに考えます。

本人がトランスジェンダーかどうかについては、話してくれるまで待ちます。**第3章P129** **その子の「今」を受け入れる**マインドを大事にします。

【レズビアンのBさんの声】

恋バナが苦手

「女の子同士って、恋バナ盛り上がるじゃないですか。誰が好きとか、好みのタイプは、とか。そのとき、女の子が好きって言えないから、適当に好みのタイプの男の子像をつくって、好きでもない芸能人を好きだって言って。そうやって、友達に嘘をつき続けるのがつらかったですね……」

林先生ならこう向き合う

こういうときは、**第3章P126 雑談に混ぜる**が効果を発揮すると思います。友達と話すときは、どうしても心がモヤモヤするだろうけど、頭のどこかで、先生が「同性を好きになる子もいる」と言っていたという記憶があれば、この子は、だいぶん精神的にラクなんじゃないかな。道徳の授業「正直・誠実」あるいは「友情・信頼」などを学ぶ際に、〝善い嘘〟〝必要な嘘〟について言及することも、助けになると思います。

鈴木先生ならこう向き合う

これは林先生と似ているかも。授業の中や休み時間の雑談の中で、さらっと

「同性を好きになる人もいるんだよね」「みんな、そういうの知ってる？」「知らなかった人、大丈夫だよ。今知ったね」と。

毎日の教育活動の中で、「あ！　今ＬＧＢＴＱ＋について話すチャンスだ！」という場面、結構あるんですよね。**第3章P136 図書室や学級文庫に関連本を置く**も効果的です。

【トランスジェンダーのCさんの声】

トイレ、着替え、ちょっとずつ我慢している

「私は、クローゼット（LGBTQ+であることを周囲に隠している状態）だったんで、男子トイレに行くのも、男子と一緒に着替えるのも、ホントはイヤでした。トイレは、チャイムが鳴って人がいなくなってからさっと入って、遅刻ぎみに教室に戻るっていう戦法をよく使っていました。あと、水をあんまり飲まないようにして、尿意が起きないようにするとか。着替えも、体育のある日は、家から制服の下に体育着を着ていっていました。水泳のときも、バスタオル巻いて着替えていたんで、若干からかわれたりとかもありました。学校時代は、そういうことで、毎日ちょっとずつ我慢していましたね。日々、うっすらとなにかしら我慢するのが、当たり前になっていました、今考えると」

林先生ならこう向き合う

「日々、うっすらとなにかしら我慢する」っていうのがせつないですね。小学校なら、「あの子、いっつもトイレが理由で授業に遅れるな」とか、「着替えのとき様子がおかしいな」とか、気づけるかもしれないけれど、教科担任制の中学・高校では、気づくのは難しいですよね。万が一気づいたとしても、本人が隠しているのに「…なのか？」って聞いていいものかどうか……。結局、その子の痛みをかき消すような、喜びや楽しみを、教室に溢れさせるしかないのかな。

鈴木先生ならこう向き合う

周囲にカミングアウトしていないクローゼットの子どもでも、毎日の表情や行動を見ていればなにかしら先生は気がつくと思います。大事なことはその子が学校で安心・安全で過ごせることです。遅刻気味に教室に戻ることもあえて見逃したり、教材の運搬を休み時間のうちにお願いしたりすることができるかな。「着替えやトイレで相談がある人はいつでも誰でも相談していいからね」「話を聞く準備はできているよ」とメッセージを送り続けることも、相談への第一歩につながるかもしれません。

【トランスジェンダーのDさんの声】

修学旅行を休んでしまった

「高校までは、トランスジェンダーっていうことを一切伏せていたので、普通に女の子の格好をして女の子として暮らしていました。修学旅行はね、結局行きませんでした。どうしてもお風呂がイヤで。胸が大きくなった自分の体を、他の女の子たちに見られるのが耐えられなくて。一泊なら「風邪」とか言って入らないで済ませられるけど、うちの学校、三泊四日もあるんですよ。さすがに、そんなに長い間、お風呂入らないわけにいかないじゃないですか。そりゃあもちろん、みんなと一緒に旅行したかったですけど、それより、お風呂のイヤさのほうが勝っちゃって、仮病で休みました」

林先生ならこう向き合う

事前にそっと伝えてくれたら、うまいこと理由をつけてどうにでもできたのに。当日仮病を使って休まれては、もう、どうすることもできません。「行きたかったのに行けなかった」なんて、こっちもすごく悲しくなります。そんなときのために「普段から信頼関係を築いて…」って指南書などに書いてあるけど、そんなことは当然努力しています。だけど言うほど簡単じゃない。まあでも、実際、それしか方法はないでしょうね……。

鈴木先生ならこう向き合う

「トランスジェンダーの児童生徒がカミングアウトしてくれたら、サポートしやすいのだけど…」という先生方の悩みはよく聞きます。それが簡単にできないところに、難しさがあります。行事の前に全体に対して、「修学旅行について相談がある人はいつでもどうぞ。担任の先生でなくてもいいよ」「安心して参加する方法を一緒に考えたいんだ」などと当事者の子どもにしぼらない伝え方が大事になるかなと思います。

第3章P116　いるかもしれない前提をもつことが、ここでも大事ですね。

【ゲイのEさんの声】

そういうキャラとして認知されていたから教室はぜんぜん苦ではなかった

「カミングアウトとか、わざわざそんなこともしないまま、もうみんな、なんとなく僕のことを男の子が好きな中性的なキャラって認知してくれていたから、すごく楽でしたよ。ゲイだからって学校でいじめられたとか、『気持ち悪い』って言われたとかっていう経験、ホントにないんですよ。小学校も中学も高校も、普通に楽しかった。

彼氏はいましたよ、校外に。だから学校の友達を好きになるっていうことはなかったです。男の子とも女の子とも、友達として仲よくしてました。まあ、でも普段は男の友達と一緒にいることが多かったかな」

林先生ならこう向き合う

こういう話を聞くと、こちらが「ホッ」として嬉しくなってしまいます。おそらく、前提としてお互いを大切にする温かい学級経営があるのだと思います。それでも、お節介な私は、正直、「しんどくなることも、たまにはあるんじゃないのかな」と心配してしまう。けれど教室では、そんな様子はおくびにも出さず、中性的なキャラであることもあえて話題にしつつ、だからといって特別な存在にはせず、他の子と同じように扱うと思います。

鈴木先生ならこう向き合う

ＬＧＢＴＱ＋の子どもたちを語るとき、その子のよさや強みに目を向けることも必要なことです。勉強や部活で力を発揮していたり、友人との関係が良好だったりして、充実した学校生活を送っている子もいます。周りにいる友人たちの受容的・共感的かかわりも素敵ですね。私なら「みんなの関係を見ていると、先生ちょっとうらやましく思っちゃうな」とさりげなく声をかけたくなります。もちろん友人関係は変化することもあるので、必要なときは介入するかもしれません。

【クエスチョニングのFさんの声】

どうしていいかわからなかった

「どうしていいかわからなかった。ずっと。
いろいろわかって、考えられるようになったのは、
大人になってからかな」

林先生ならこう向き合う

LGBTQ+の中でも、クエスチョニングはマイノリティ中のマイノリティ。孤独感は半端ないかもしれません。アライを自称する私でも、頭では理解していても心で理解しているとは、正直言いきれないくらいですから。それでも、もし、「どうしていいかわからない」と伝えてもらえたら、私ならとにかく情報を提供します。知ることは力です。まず、そのような性自認のあり方を知ってもらい、次に、ネットや動画で同じ当事者のブログや体験談を探します。

鈴木先生ならこう向き合う

「自分の性別がわからない・決められない・決めたくない・揺れている」など、クエスチョニングの子どもたちの揺らぎ。揺れているものはそのままでも大丈夫だし、自分に合うものが見つかれば定義づけても大丈夫ということを伝えたいですね。

第3章P131　あいまいなままでいてもいいとわかっている。書籍を読んだり、同じような仲間に出会える居場所を紹介したりするのもよいと思います。性自認や性的指向の揺らぎだけでなく、感情や気分の揺らぎなどはすべての子どもたちが経験する可能性があります。

【ゲイのGさんの声】

もっと重い悩みがあって気にならなかった

「僕は、小学校一年生くらいから、もしかしたら男の子が好きかもって思っていた。それも悩みだったけど、親が給食費を払えないことのほうが、自分にとっては大きな悩みだった」

林先生ならこう向き合う

このケースで学ぶべきは、大きな悩みがＬＧＢＴＱ＋である憂いをかき消しているということ。もちろん、だからといってその大きな悩みを放置してはいけません。適切な方法で解決してあげなくちゃいけない。解決後は、この現象をポジティブに利用したらいかがでしょう。つまり、「世界平和の実現」とか「日本の少子化問題の解決」とか、手に余る大きな命題をその子に課して、ＬＧＴＱ＋である憂いを、小さくしてしまうのです。

鈴木先生ならこう向き合う

これはリアルな私のストーリーです（笑）。「自分は同性が好きかもしれない」というのも悩みでしたが、それよりも家庭の貧困で毎月の給食費を学校に持っていけないことが大きなストレスでした。クラスの中でも馬鹿にされていました。未納通知書は、個別にこっそり渡してほしかったです。お金の問題は自分で解決できなかったので、「茂義くん、大丈夫だよ。親と相談するからね。給食費免除の制度もあるからね」といった情報と安心があれば、落ち着くことができたと思います。

コラム3

自分の「差別感」についてわかっておこう

知り合いのトランスジェンダー女性のことが話題になったとき、ある先生は、一貫して、会話の中でその人のことを「彼」と表現し続けました。

私が再三再四「彼ではなくて彼女です」と訂正しても、かたくなにその姿勢を変えません。

メイクをしてワンピースを着て、美しく着飾っていたとしても、身体性が男性である人は「彼」と呼ぶのがふさわしい。

そう信じて疑っていない、そんな様子でした。

あなたなら、トランスジェンダー女性のことを、「彼」と「彼女」、どちらで呼びますか。

「アンコンシャスバイアス」を発見する

本人の性自認が男性なら「彼」、女性なら「彼女」と呼ぶべき。前項の例でそう憤った方、では、ちょっと次のシチュエーションを想像してみてください。

あなたには、離れて住んでいる成人した子どもがいます。

その子は、30歳を過ぎても、なかなか相手が見つからず、ちっとも結婚しようとしません。

ところがある日、「生涯連れ添うパートナーを紹介する」と言ってきたので、あなたは大変喜びました。

そして、約束の日にその子が実家に連れてきたのは、同性の恋人でした。

さて、あなたはどう思いますか。

異性の恋人を連れてきたときと、全く同じ感覚で受け入れることができますか。

トランスジェンダー女性を自然体で「彼女」と呼んでいる人でも、この質問で、お腹の底から「もちろん！」と即答できる人はなかなかいません。

ＬＧＢＴＱ＋を十分理解し差別しないと考えている方でも、心の奥底に、抜きがたい違和感をもっていることはあります。

これを「アンコンシャスバイアス（自覚のない偏見）」と言います。

ＬＧＢＴＱ＋に限らず、その人が無意識のうちに抜きがたくもってしまっている、なにかしらに対する見えない偏見をそう呼びます。

先に挙げた問いに、即答できない自分を罪深く感じる必要はありません。

人は、今まで生きてきた長い時間をかけて、社会の雰囲気や周囲の考え方の影響を受け、自分の価値観を形づくっています。

その、長年培ってきた自分の感性を無理やり矯正して、理想の自分をつくり上げても、しんどくなるだけです。

そもそも人間という生き物は、「アンコンシャスバイアス」から逃げることができない生き物だと言われているそうです。逆にそのおかげで、瞬時に物事を判断できるよさもあるとのこと。

「差別感」をなくすのではなく、知るのです

暴言を吐くのは問題。暴力をふるうのも問題。ＳＮＳで誹謗中傷するのも問題。

けれど、偏見があること、違和感があることは、これまで生きてきた中で培ってしまったこと、どうしようもないことです。心の中で感じている分には、とりあえず害はない。

必要なのは、「差別感」がないことではなく、自分の中の「差別感」を知っていること。

繰り返します。大事なのは、知ることなんです。

とにかく、自分がどんな感覚でＬＧＢＴＱ＋を見ているのか、それをメタ認知（客観的に自分をわかる）すること。

まずはそこから始めます。


（林／鈴木）

【トランスジェンダーのHさんの声】

先生が一緒に戦ってくれた

「私はトランスジェンダー女性ということを、カミングアウトしていなかったんですけど、『男子は耳を出さなくてはならない』っていう規定通りに髪を切るのがどうしてもつらくて。そしたら、ある先生が、『耳を出せばいいっていうことは、髪を伸ばしてピンでとめるとか結ぶっていうのもアリですよね』って言いだしてくれて。私も驚いたし、生徒指導の先生たちも驚いていたんですけど、校則がそう読みとれる以上、そう解釈せざるを得ない、ってことになって、その主張が認められたんですよ！　その先生が、私にはっきり『トランスジェンダーなのか？』って聞いてくることは一切なかったんですけど、多分わかっていたんだろうなって思います。もちろん、今でもすっごく感謝しています」

林先生ならこう向き合う

私、こういうの大好きです。先生たちって、とても真面目な方が多いから、ＬＧＢＴＱ＋の子の悩みを正面から受け止めて深刻に悩んでしまうこと、多いんじゃないかと思うんです。でもこういうふうに「うまいことやる」発想を、絶えず巡らせておくと、楽しく面白く、悩みを解決できる。そもそもＬＧＢＴＱ＋であるだけで悩まなければいけないこと自体、理不尽なことなのだから、あらゆる知恵を絞って対抗しちゃいましょう。

鈴木先生ならこう向き合う

かかわる子どもがＬＧＢＴＱ＋であってもそうでなくても、カミングアウトしていてもいなくても、機転をきかせて対応できた事例ですね。子どもの悩みに、伴走してくれる先生の存在は心強いです。全国の学校で校則の見直しの話を聞きますが、私なら子どもに参画してもらって、新たにルールメイキング（制服・髪型・服装など）に取り組むことを提案します。校則を守るのは子ども自身なので、主体的にかかわってもらって学校を今まで以上に居心地のよい場所にしたいものです。**第3章P170一緒に戦う**も参照してください。

【トランスジェンダーのIさんの声】

特別で、優しい先生の言葉にいちいち傷ついてた

「今なら、そう言ってくれた先生の気持ちもわかるんですけど、当時は、『みんなわかってあげて』とか『気づいてあげられなくてごめんなさい』とか、そういう特別な優しい言葉をかけられるたびに傷ついていました。私って、そんなに特別扱いして同情されなくちゃいけない人間なのかなって。トランスジェンダーではあるかもしれないけど、でも、みんなと同じ生徒なんだから、みんなと同じように扱ってほしいって、当時は思っていましたね。でも、それだけじゃないんですよね……。なんていうかなあ、もしかしたら、こんなこと言って申し訳ないんですけど、先生の〝ちゃんとLGBTQ+のあなたのことを、わかってあげてますよアピール〟がイヤだったのかもしれません」

林先生ならこう向き合う

「先生の〝ちゃんとLGBTQ＋のあなたのことを、わかってあげてますよアピール〟がイヤ」って、鋭いですね。

正直、怖くなります。だって、私の心の中に、「子どもの役に立ちたい願望」「他の先生より子どものことわかっている自慢」、確実に転がってますもん。紙一重。でもきっと、一歩間違ったらこんなふうに思われる危険があるのは、私だけじゃないですよね。

第3章P122「特別使い」しないを、肝に銘じなくては。

鈴木先生ならこう向き合う

「発達に特性のある子どもにはこう接する」「LGBTQ＋の子どもにはこう接する」と考える前に、一人ひとり思いや願い・やってほしいこと・やってほしくないことを、アセスメントすることを意識したいですね。「あなたはどうしたいと思っている？」「先生にやってほしくないことはある？」「信頼できる友達は誰かな？」と。

子どもの専門家は子ども自身だと聞いたことがあります。本人が望んでいる配慮やサポートが大事です。**第3章P122「特別扱い」しない**もご覧ください。

【レズビアンのJさんの声】

「大丈夫だよ」「気にしないで」カミングアウトしたときの言葉に傷ついた

「高校生のときの、すごくつらい思い出があります。当時、私は自分の性的指向にはっきり気づいて、とても悩んでいて。いちばん仲のよかった友達に『誰にも言わないで』って言いながら、カミングアウトしたんです。そしたら、その友達が驚いた顔をして、少し慌てながら、『大丈夫、気にしなくていいからね』と私を慰め始めたんですよ。そのとたん、胸がザワザワし始めて、思わずその場から立ち去ってしまったんです。すっと受け入れてくれたら気が楽だったかもしれません。でも、友達の慌てぶりから、私は、自分を『してはいけないことをしてしまった人』みたいに感じてしまったんですよね。それから、なんとなくその友達とは気まずくなって。あれはつらかったな」

林先生ならこう向き合う

先生が、児童生徒の会話にまでは介入はできません。私が先生としてこのケースにアプローチするとしたら、普段の啓発しかありません。普段の授業でも、授業外でもいいから、LGBTQ+に関する基礎知識や正しい認識を伝えます（**第3章参照**）。

もちろん、子どもには家庭の影響のほうがずっと大きいので、学校での啓発がどれだけ効果的かはわかりません。

それでも、やれるだけやろうと思います。

鈴木先生ならこう向き合う

カミングアウトをした相手のよい反応を、期待していたのかもしれません。その結果、相手がどう反応するかはカミングアウトをするまでわからないので、怖さを伴うときがありますね。もしこの子が私にそのことを話してくれたら、「それは嫌だったね」「スーッと受け止めてほしかったね」と話し合うと思います。その子の周辺にいる子どもたちがLGBTQ+について学ぶ機会も必要なので、やはり授業の中で扱うことも必要だと思います。**マミ先生の意見と同じです。**

【トランスジェンダーのKさんの声】

両親へのカミングアウトに寄り添ってもらえた

「私は、いちばん最初に担任の先生に相談したんですよ。そしたら、すごく親身に相談に乗ってくれて。私は、性別を変えて就職したいと思っていたので、そうなると、就職活動を始めるにあたって、どうしても、両親にカミングアウトしなくちゃいけない、ってことになって。そのときも、先生が自宅まで来てくれて、立ち会ってくれました。今考えると、そこまでするのは、先生の仕事じゃないと思うから、ホント申し訳なかったんですけれど、でも、あのとき先生が付き添ってくれなかったら、あんなふうに両親と冷静に話なんかできなかったと思います。もう、感謝しかないです」

林先生ならこう向き合う

授業が教師の本分という考え方や、働き方改革の考えに逆行するかもしれないですけど、私が高校の先生でも同じようにします。多分、私だけではなく、教師なら全員、同じ気持ちではないでしょうか。これこそ「教師冥利に尽きる」ってやつですよね。

加えて、私は家族支援者でもあるので、この後、保護者の方のフォローもしてあげたいです（第3章P169**親へのカミングアウトに寄り添う**参照）。そのための時間なら惜しみません。

鈴木先生ならこう向き合う

両親へのカミングアウトは、LGBTQ＋の子どもにとって、高いハードルの一つです。家族は物理的距離も心理的距離も近いので、理解してもらえなかったときのリスクがあります。

私なら事前に両親へのカミングアウトのメリットやデメリット、リスクについて話し合い、その結果本人がどのような決断をするか待ちます。あくまで本人が自己決定して、行動するのをサポートする役に徹します。そして引き続き、相談と作戦会議の準備をしておきます。

【トランスジェンダーのLさんの声】

第二次性徴がイヤ

「学校でつらいことって、あんまりなかったんですけど、第二次性徴で自分の体が男っぽく変わっていくことが、イヤでイヤで仕方なかったです」

林先生ならこう向き合う

「男性は男性の肉体を、女性は女性の肉体を持たなければならない」ということ自体、人が創り上げた通念に過ぎないと思い至れば、トランスジェンダーが性自認の不一致に悩むことも、第二次性徴を忌み嫌う必要もないのでは?

「当事者じゃないからそう考えられるだけで、そんな割り切れるものではない」と叱られるでしょうか。けれど時代によってドラスティックに通念が変わる例はあります。心と身体の性的一致という縛りから、自由になる未来もあるかもしれません。

鈴木先生ならこう向き合う

トランスジェンダーの子どもたちが自身の体に対する違和感をもつ大きさ、度合いは人によって様々です。本人の希望を聞きつつ、学校外部の相談窓口や同じような仲間と出会える居場所について情報提供をします。

専門家からアドバイスを受けたり、居場所で出会ったトランスジェンダーの仲間の体験談を聞いたりすることで、「医療アプローチをするかしないか」の選択肢が広がるかもしれません。そうなると保護者へのカミングアウトも一緒に考える必要があるかもしれませんね。

【ゲイのMさんの声】

考えても仕方ないとあきらめていた

「子どもの頃は、自分は同性が好きなんだっていうことは、ぼんやりとはわかっていたんですけど、考えないようにしていましたね。やっぱりぼんやりと、それが意味するところもわかっていたから、考えても仕方ない、とあきらめていたんだと思います」

林先生ならこう向き合う

教室にいる、いつも憂い顔のあの子も、実はＬＧＢＴＱ＋であることで重い心を抱えているのかもしれません。

言葉にすると陳腐だけれど、そんな子には、自分が自分のままで貪欲に幸せを求めていいことを、丁寧に教えてあげたい。行動の端々から、彼の性的指向を汲み取ってあげられれば理想的。私なら、そんなときにはきっと面と向かって「同性を好きになるタイプ？」って聞いちゃいます。そして、それはなにも憂うべきことじゃないってはっきり伝えます。

鈴木先生ならこう向き合う

「同性が好きなんて、世界で自分だけなのではないか」「将来の姿が思い描けない」と感じた経験のあるＬＧＢＴＱ＋の子どもは結構いるかもしれません。必要なのは「同じような仲間」「ロールモデル」ですね。外部のＬＧＢＴＱ＋ユース若者向けの居場所や相談窓口のチラシを全校に配布したり、大人のロールモデルに関する話題を全体に提供したりするのはどうでしょうか？「あきらめていた」「あきらめられない」の気持ちは、表裏一体だと感じます。

【トランスジェンダーのNさんの声】

将来が不安

「将来が不安でした。

今では少しずつ、性別を変えて就職したり、性的指向を隠さずに仕事をしたりする人が出てきているけれど、僕のときはそういうロールモデルがほとんどいなかったから、普通に働けるのかなあって、不安で仕方なかったです」

林先生ならこう向き合う

「もっと視野を広げると、将来が不安なのは、あなただけじゃないよ」と言ってあげるかな。なにかハンデがあれば、誰だって将来は不安です。

でも、不安になるということは、自分の特性と社会状況を冷静に判断できているということ。その時点で、社会人としてのスキルが高いとも言えます。だから、自分の性自認は気にせず、自分の望む職業に邁進すればいい。様子を見て後でカミングアウトすればいいのだから、隠すことを罪悪視せず、必要な隠匿はどんどんやって、うまく世の中渡っていってほしいです。

鈴木先生ならこう向き合う

私だったら「不安をいつもより感じないのはどんなとき？」「どんな条件が揃ったら、不安が少し減りそう？」と質問すると思います。その答えは、情報・仲間・居場所・相談相手・味方・周囲の理解などの可能性があります。

不安な気持ち自体は悪者ではないので、その気持ちをなるべく0（ゼロ）に近づけつつ、それと共存しながらも、具体的な一歩目のアクションを起こせるように一緒に考えてサポートします。**第3章P148　子ども自身に力をつける**チャンスでもあります。

【トランスジェンダーのOさんの声】

性自認を学校で認めてもらっていた

「なんか、ご期待に沿えないような気がして申し訳ないんですけど、私、小さい頃、自分がトランスジェンダーであることを理由に悩んだことってないんですよ。早くから親とも話し合って、そうなのかなって受け入れてもらっていたので。学校も、入学するときから、戸籍とは違う名前と性別で扱ってもらえていたし、先生も、友達も、私を女の子として扱うのが当たり前でした。体育の着替えも、トイレも。修学旅行の部屋割りも女の子と一緒でしたねー。ただ、お風呂だけは『後で一人で入れば?』って先生に言われて、『そりゃそうか』って思って(笑い)、みんなとは違う時間に入らせてもらいました」

林先生ならこう向き合う

新しい時代のトランスジェンダーの子どもは、きっとこんな感じで学校生活を送るのでしょうね。考えてみれば、もしＬＧＢＴＱ＋の子どもがいても、こんなふうに、学校が特に大騒ぎすることなく自然体で対応すれば、なんの問題もないのかもしれません。

それを難しくしてきたのは、性的マイノリティが「いない」という前提で成り立ってしまった社会システム。時代遅れと揶揄されがちな学校ですが、ＬＧＢＴＱ＋に関してはいち早くシステムを変えることができそうです。

鈴木先生ならこう向き合う

安心安全に学校生活を送ることができたこと、それが伝わってくるエピソードですね。どんなことをしたらうまくいったのか、聞いてみたいですね。家族との関係性、友達との関係性、地域との関係性、周囲のサポート、本人の強みなど、よい事例がたくさん出てくるような気がします。

身近にＬＧＢＴＱ＋の友達や知り合いがいると、それ自体が経験値で知識になりますね。「習ってから慣れろ」「習う前に慣れろ」、どちらも有効な手立てだと思います。

コラム4

新時代のLGBTQ+の子どもたち

「特に困ったことはないです」

この本をつくるにあたって、LGBTQ+当事者の若者たちに「学校で困ったこととか、やりにくかったことなかった?」とインタビューを進めていて、意外と多かったのが、「特に困ったことなかったです」というお返事でした。

日常の困りごとがないだけでなく、少し前にはハードルの高かったカミングアウトも、難なく乗り越えていた人も複数いました。特に声高に宣言することもなく、なんとなく伝わり、それが伝わったからといって、自然体で関係性も変わらない。そんな感じ。

その理由を、あるトランスジェンダー男性の子が答えてくれました。

「多分、人は人っていう感覚が強いのかもしれません。だから、人がどういう個性であっても、それはそれでかまわないというか」

一昔前に比べて、ＬＧＢＴＱ＋概念の認知度も社会的理解も大きく違うことが、その背景にあるのだと思います。けれど、このような取材結果が得られるとは、思ってもみませんでした。

気づかされた「アンコンシャスバイアス」

ＬＧＢＴＱ＋の子どもたちが、学校で、教室で直面する誰にも言えない小さなしんどさを炙り出し、彼ら彼女らに対して、先生ができるちょっとした配慮について書こう、と私は考えました。けれどそれは、**コラム3　自分の「差別感」についてわかっておこう**で言及した「アンコンシャスバイアス（自覚のない偏見）」だったと、インタビューを通じて思い知らされました。現実は、もう一歩先を行っていたのです。もちろん「いつももやもやした気分を抱えていた」「嘘をつき続けているようでつらかった」という、私のイメージ通りの答えもありました。今でも、教室には、自分の本来の姿を隠して、秘かに苦しんでいる子がいるかもしれません。それを考えると、「新時代のＬＧＢＴＱ＋の子どもたちは、意外と悩んでいない」と結論づけるのも、新たな「アンコンシャスバイアス」。

ＬＧＢＴＱ＋の子どもたちの今を、ポジティブにも、ネガティブにも偏らずにそのまま見つめること。その上で、先生にできる、実際の現場で実現可能な、ほんの少しの配慮について考えていくこと。

この本は、あらためてそれを目指します。

（林）

ゲイの私の中にもよさや強みがあります

私は、よく学生さんのインタビュー取材を受けるのですが、同じように、「大変だったことは？」「つらかったことは？」というかわいそう前提の質問のみが続く場合があります。

そういうときは、「ゲイの私の中にもよさや強みがあります。そういうポジティブな質問もしてほしいです。いかがでしょうか？」と伝えます。

すると学生さんたちにも、ハッと気づく瞬間があります。マミ先生のような大人だけではなく、若い人にも「アンコンシャスバイアス」は潜んでいます。

（鈴木）

第3章

大きな意味をもつ、先生の「ほんのちょっと」の心がけ

いつもの朝、いつもの授業、給食、部活動……。
そんな日常の中に溶け込むような「ほんのちょっと」のこと。
特別なことをするわけじゃない。
事前の準備もいらない。
だけど、その「ほんのちょっと」があれば、
ＬＧＢＴＱ＋の子どもたちが心穏やかに過ごせる。

そんなアイデアを
掻き集めました。

書いてあること全部を
やらなくていいのです。

ちょっと違うなって思ったら
自分流にアレンジして。
私たちが気づけなかったアイデアがあったら
加えてください。

目指すのは、

教室で、あるいは学校のどこかで
「ふつう」に心がざわつく子どもたちが
「ほっとできる」こと。

いるかもしれないという前提をもつ

まず何よりもすべての先生ができること、いえ、できなくても、必ずすべきことは、「いるかもしれない」という前提をもつこと。

一説には、性的マイノリティは、クラスに一～二人くらいの割合でいる、とも言われています。だから、「いない」んじゃなくて、「見えていない」だけかもしれないのです。

男女混合名簿が導入されたり、男女の固定イメージがなくなったり、制服が選べるようになったり、学校のジェンダーレス化は、ずいぶん進みました。ＬＧＢＴＱ＋の子どもたちの息苦しさも、以前よりはずっと減ったかもしれません。

それでも、先生が、ＬＧＢＴＱ＋について知る機会をもてないまま、性的マイノリティの存在を意識せずに日々を過ごすのと、教室に「いるかもしれない」と頭の隅に置きながらその場にいてくれるのとでは、教室の空気がぜんぜん違ってきます。

アライになる

アライとは、ＬＧＢＴＱ＋理解者・支援者という意味。

ＬＧＢＴＱ＋の人たちのためにパレードに参加するとか、そういう積極的な活動をしている人もいますが、もちろん、目立って活動しない、内なるアライでもいいのです。

しかし、当事者の子どもたちからの「相談したいけど、どの先生が仲間になってくれるかわからない！」という切実な声があります。だから、たとえば、レインボーフラッグやアライのステッカーをスマホに貼ってあるとか、ネックストラップにバッジをつけているとか、わかる人にはわかるアピールを身につけておくことは望ましいかと。

それから、アライとして完璧である必要はありません。失敗したら、ごめんなさいと謝って、行動・言葉を変えればよいのです。

とにかく、先生がアライであることは、ＬＧＢＴＱ＋の子にとってなによりの力です。

その子自身と向き合う

ＬＧＢＴＱ＋当事者の大人たちにインタビューをすると、必ずみなさん、答える前に「他の人のことはわからない。自分のことしか答えられません」と前置きします。

私は、このセリフで彼らが言外に伝えたいのは、「自分に答えられるのは、自分の個人的な意見だけ。確かに自分はＬＧＢＴＱ＋の一員だけれども、ＬＧＢＴＱ＋という大きなくくりの中でも、それぞれのカテゴリーはぜんぜん違うし、ＬＧＢＴＱ＋のＧという同じカテゴリーであっても、感じ方や考えは一人ひとり違う。だから、今から話す自分の意見を、ＬＧＢＴＱ＋の総意と捉えないで」ということ、と理解しています。

子どもたちだって同じです。あなたの前にいるのは、ＬＧＢＴＱ＋の子どもというくくりの中の一人である前に、○○さんという一人の子ども。私たちが向き合っているのは、個人であり、その子が、ＬＧＢＴＱ＋という「タグ」を持っているだけなのです。

アウティングに最大限の配慮をする

アウティング（暴露）とは、ＬＧＢＴＱ＋であることを当事者から知らされた人が、本人の了解なく第三者にそのことを伝えてしまうことを言います。

先生にカミングアウト（ＬＧＢＴＱ＋であることを告白すること）した子がいても、それがどこまでなのか、よくわかっておかなければいけません。もし、他の誰にも伝えていないのなら、不用意な発言やふるまいがアウティングにつながらないよう、最大限の配慮が必要です。

また、文部科学省の方針は、「学校内外で支援チームを作って対応する」となっていますが、これも、必ずそのような共有が可能かどうか、本人に確認すべきです。

学校現場としては、やむなく本人の同意なしに情報共有することもあるかもしれませんけれど、本来は、あくまでも本人の了承を優先すべき、と思います。

小さな差別を見逃さない

これは絶対です。

絶対なのですが、意外とやりそびれてしまうことがあるので要注意です。

たとえば授業中、なにかしらの説明をしているとき、チラッとどこかから差別的なつぶやきが聞こえてきたとします。そんなとき、ただのつぶやきだからと無視し、なかったことにして説明を優先してしまったら最後、クラスに、小さな差別の芽が生まれます。

どんなときも、どんな小さなことも、目にしたり耳にしたりしたらすかさず、「ごめん、その言葉、もう一度言ってもらえる？　言うことができる？」と聞き留めて、差別の芽を摘むことです。それは、ＬＧＢＴＱ＋の子どもだけではなく、差別的なことを言ったりしたりしてしまった子のためにも、大切な指導です。

そういう小さな積み重ねこそが、みんなが「ホッとできる」教室をつくります。

周りの子どもたちの戸惑いや違和感に耳を傾ける

ＬＧＢＴＱ＋の子どものことを考えるとき、当事者の対応にばかり目が奪われがちですが、周囲の、性的マジョリティの子どもたちの気持ちにも、十分に目を向けたいものです。彼らは彼らで、異質なものに突然出会い、戸惑い、心揺れているかもしれないのです。そこを丁寧に受け止め、差別的な反応があったからといって、頭ごなしに叱るのではなく、「どうしてそう思ったの？」「どうしてそう感じたの？」「そういう人もいるんだよ。知らなかった？」「知らなかったから、驚いたんだね。もう知ったから大丈夫だよね、賢い！」などと声をかけます。そうやって、その想いを紐解いて整理し、差別や偏見の芽を摘みます。そして最終的に、周囲の子どもたちが当事者の子どもとの新しい関係性を紡いでいく、その手助けができたらいいと考えます。

「特別扱い」しない

教室にカミングアウトした子がいると、どうしても気になって、つい配慮をし過ぎることになってしまうかもしれません。けれど、それは、本人にも周りの子たちにもいわゆる「特別扱い」として、感じられる恐れがあります。配慮をし過ぎるのは、先生の中に『LGBTQ＋の子は「ふつう」と違う』という感覚があるからかもしれません。

けれど実際には、配慮が必要なのは、LGBTQ＋の子に限ったことではありません。発達障害のある子もそうですし、外国にルーツのある子もいます。「ふつう」の子だって状況に応じて配慮が必要です。カミングアウトした子に先生がすべきなのは、その子が「やってほしいこと」「やってほしくないこと」をヒアリングし、その子の強みやよさにも目を向けること。その後は、もしかしたら、その子がLGBTQ＋であることをつい忘れてしまうくらいで、ちょうどいいかもしれません。

本人の望む一人称を尊重する

そういえば、過去の私の教え子にも、「ぼく」を使う女の子、「ウチ」を使う男の子、「わたし」を使う男の子など、「ふつう」ではない一人称を使う子がいました。

筋金入りのアライ（ＬＧＢＴＱ＋理解者／支援者）を自負する私は、全く気にならなかったのですが、慣れていない人にとっては、違和感があるのかもしれません。

他の子とは違う一人称を使う子どもたちは、単純にその言い方が好きなだけだったり、全く深い意味がなかったり、というだけかもしれません。

けれど、中には、その一人称でなければならない、それを使うことにすがって生きているＬＧＢＴＱ＋の子もいるかもしれないのです。

もしも先生が、その言い方を全く気にも留めなかったら、その子はきっと「ホッとする」だろうし、他の子どもたちも気にしなくなると思います。

「さん」づけで呼ぶ

学校教育において、人権的な見地から、児童生徒を必ず名字に「さん」づけで呼ぶという方向性が示されて、もうずいぶん経ちます。このことに対し、林は、小学校低学年は「さん」づけ強制は、少し堅苦しい、下の名前に「ちゃん」「くん」づけでもいいのでは、と内心考えていました。が、LGBTQ＋の子どもたちの「さん」で統一してほしいというニーズがあることを知り、認識を改めました。そういう要望があるなら、逆に、「ちゃん」や「くん」にこだわる必要もないのかな、と今では考えています。

鈴木の場合は、基本は「さん」づけですが、年度初めの子どもとの出会いのときに、「シゲ先生は一人ひとりの名前を大事にしたいから、みんなを「さん」づけで呼ぶけど、他の呼び方を希望する人は言ってねー。相談の準備はできているよ」と話し、本人の希望に沿って、例外も受け入れるようにしています。

通称使用を認める

トランスジェンダーの子どもがカミングアウトして、今とは違う性に適した名前を使いたいと言ったら、校内の諸々を、すべて変更することが可能です。

文部科学省の資料にも、名簿や校内文書に、自認する性に即した通称名を使用することが対応例の参考として載っていますし、学校のコンピューターシステムの児童生徒名簿登録記入ページにも、あらかじめ通称を入力する欄があります。

実際に、トランスジェンダーの児童生徒が、このことを希望して、通称名に氏名を変更して学校生活を送っている例は、既にあちこちで生まれています。

昭和の頃は、公的資料はすべて本名使用だったと思うので、日本の教育界も、随分柔軟になりました！

雑談に混ぜる

子どもとの何気ない日常会話で、さりげなくＬＧＢＴＱ＋関連情報を差し込みます。

たとえば、子どもたちと「好きな人」の話になったときに、「男の子を好きになる男の子や女の子を好きになる女の子もいるからねえ」とつぶやいたり、「男の子が、女の子が」という話になったとき、「身体が男で心が女、身体が女で心が男とか、そのどっちでもないとか、性にもいろいろあるからねえ」と口をはさんだり。

特に小学校低学年など、そのときはよくわからないかもしれませんが、後々ＬＧＢＴＱ＋であることを意識したとき、先生のつぶやきを思い出して、「そういえば、そういう人もいるって、先生言ってたな」と思い出してもらえたらいいなと思います。

クラスの人権意識を醸成する

ＬＧＢＴＱ＋の子どもたちが、友達の心ない言葉に傷つけられたり、その立ち居振る舞いが原因でいじめられたり、という悲しい話は、今もなくなったわけではありません。けれどそれは、ＬＧＢＴＱ＋の問題に加えて、子どもたちの人権意識の問題だと思います。

誰も、誰かに不躾な言葉を投げつけることは許されないし、その特性を理由に仲間外れにされたり、差別されたりすることは許されない。その原則を、クラスの子どもたちに徹底する。折に触れて、丁寧に、何度も、何度も。まずしなければいけないのはそれだと思っています。日常の教育活動の中でできることは、実はたくさんあるのです。

この原則が子どもたちに沁み渡っていれば、めったなことは起きないし、なにかあっても、すぐ反省し、是正することができるはずです。

あえて見守る

ＬＧＢＴＱ＋への社会の関心が高まり、法律ができ、関連研修も増えてくると、なんとなく、自分もその一翼を担わなければという気持ちになってしまうものです。教室にそれっぽい子を見つけたら、つい、声をかけたくなるかもしれません。

でも、ちょっと待って。

その子は「自分は他の子と違うかも」と心配しているかもしれません。疑われることをビクビク恐れているかもしれません。だから、そうかもしれないと思っても、あえて声をかけず、クラスの他の子と同じように温かく見守ります。

ただ、全体に向けていつも「みんなの相談を受ける準備はできているよ」と投げかけたり、逆に先生から子どもたちに悩み相談をしたりして、話しやすい雰囲気はつくっておきます。

そして、明らかに困っている様子のときだけ、そっとそばに行けばいいのです。

その子の「今」を受け入れる

コラム２「デトランジショナーを知っていますか」で解説した通り、もしかしたら、目の前のＬＧＢＴＱ＋の子は、他のなにかしらの理由で、そう思い込んでいるだけかもしれません。

けれど、たとえ、それがなにかから逃げるための方便であったとしても、あるいは変えられない運命の道であったとしても、どちらにしても、「今」、その子が、ＬＧＢＴＱ＋の子どもであるのは、事実です。

だから、その子の「今」を受け入れましょう。

時が来たら、適切な治療や行動療法によって、ＬＧＢＴＱ＋自覚を消失することもあります。もしかしたら一生思い込んだままということも考えられます。

どちらにしろ、幸せな人生を送ることができれば、それでいいのかもしれません。

わからないときはわからないと言う

「教師なのだから、子どものことをちゃんと理解していないと」と思うあまり、わからないことも、わかったふりをしてやり過ごしてはいませんか。

LGBTQ＋の子どもの多くは、そのへんのニュアンスにとても敏感です。「先生、本当はわかってないじゃん」と思ってしまうと、表面的には感謝をしているふりをしながら、心では、少しずつ信頼感がはがれていく、なんていうことが起きかねません。

どうか、いつも正直でいてください。

わからないことは、わからないと素直に伝えてください。

特に、今までLGBTQ＋のことを意識したこともなかった、なんていう場合は、この新しい概念を、わからなくて当たり前なのですから。

あいまいなままでいてもいいとわかっている

この本でも、便宜的にＬＧＢＴＱ＋の子どもとそれ以外の子どもというニュアンスで論を進めていますが、実際には、そんなに割り切れるものではありません。

ＬＧＢＴＱ＋のＱ＋は、多様な性自認や性的指向のあり方を表現するための表記ですし、性的マジョリティであっても、女性なのに男性的、男性なのに女性的な部分をもっていたり、同性を素敵だと感じたりすることもあります。

第1章で解説したように、実は、人の性自認や性的指向は、明確に線が引けるわけではなくて、グラデーションの中にあるのだという感覚は、ＬＧＢＴＱ＋の理解の大きな助けになります。

そして、その感覚をもっていると、「性自認や性的指向は、あいまいなままでいることもある」と、おのずからわかってきます。

コラム5

体育や部活動はどうすればいいのか

スポーツとＬＧＢＴＱ＋

スポーツの世界でも、ＬＧＢＴＱ＋の概念は広まり、その結果、トランスジェンダー女性（ＭｔＦ）が、女子の大会に出場し、圧倒的な記録で優勝する事例が出てきました。

一方、トランスジェンダー男性（ＦｔＭ）の場合は、治療によって身体能力が高まるため、治療か競技のどちらかをあきらめるしかない、という現状があるそうです。

プロスポーツや国際大会では、試合成績に賞金や名誉が伴うため、いっそう問題は複雑です。当事者の性自認を優先すべきか、身体的公平性を担保すべきか、それぞれの競技の特性によって判断が変わるのでは、と模索が続いています。

しかし、本来「スポーツ」には健康のための身体活動という意味しかありません。そして、学校の体育授業や体育系部活動の目的も、児童生徒の心身の健やかな成長。どちらも勝敗は関係ない。そう考えると、トランスジェンダーやＤＳＤ（Disorder of Sex Development＝性の発育の疾患）の子どもを排除しないために、男女を分けることなく活動したり、本人の性自認に応じて男女を分けたりするのが、当然の配慮。国（文部科学省）の方針もそうなっています。

……なんて簡単に結論づけられたら、苦労はしませんよね。

実際には、部活動はおろか、校内スポーツ大会や日々の授業でも、子どもも大人も勝敗に注目しがち。だから、身体的公平性が蔑ろにされてしまうと、きっと不満が生まれることでしょう。

とはいえ、性自認を無視されて、機械的に身体性で分けられてしまう当事者のつらさを思うと、心が痛い。

きっと、全国一律のやり方を決めるより、それぞれの現場の実態の中で、そこにいる大人も子どもも、当事者もそうでない人も、一緒に話し合い、納得解を見つけるしかないのだろうと思います。（林）

アンコンシャスバイアスに気づく

コラムでもたびたび触れたように、アンコンシャスバイアス（無意識の偏見）は、厄介な代物です。アンコンシャスバイアスに気づく、と見出しに挙げたものの、無意識にもっている偏見に気づくなんて、かなり困難なことです。

それでも、項目の一つに挙げたのは、やはりこれが、ＬＧＢＴＱ＋当事者にとって、とても大きな意味をもつからです。

ＬＧＢＴＱ＋の子どもは、あからさまな無理解に直面したときより、理解しよう、力になりたいと思ってくれている先生のアンコンシャスバイアスに触れたときのほうが、地味にダメージが大きいです。信じていた分だけ、じわじわと失望感が広がるのです。

それは双方にとって悲しいこと。だから、困難ではあるのですが、アンコンシャスバイアスを疑い、メタ認知を繰り返し、気づく努力を惜しまないでください。

水泳授業における配慮

水泳の着替えは、裸になることを伴うので、みんなの前で裸になるのがイヤな子どもたちには、希望によっては、個別の着替え場所を用意する必要があるかもしれません。小学生くらいまでは、最近はホックで円形になるバスタオルが主流なので、その下で着替えることも可能でしょう。

水着に関しては、男子のラッシュガード使用の習慣が広がった他、男女同一デザインのジェンダーレス学校用水着も売り出されました。この流れは、ＬＧＢＴＱ＋の子どもだけでなく、肌の露出をしたくない子にとっても朗報です。

かつてトランスジェンダーの子たちは、人前で着替えることを避けるために、あるいは、男女差が大きい水着を着ることを避けるために、時には嘘をついてまで、水泳授業を休み続けていたとのこと。それを考えると、隔世の感です。

図書室や学級文庫に関連本を置く

毎年やってくる、新規図書購入希望のアンケートに、ＬＧＢＴＱ＋関連の本をリクエストします。

どんな本があるかは、インターネット検索すればいくらでも出てきますから、ここでは特に挙げません。実際に手に取ってみて確認したい場合は、近くの図書館へ。幸い、今ではほとんどの自治体の図書館が、ＬＧＢＴＱ＋関連の児童生徒向け書籍を揃えているし、ないものは取り寄せてくれます。

また、首都圏近郊の方であれば、東京・新宿の「プライドハウス東京レガシー」（最寄り駅＝新宿御苑前）に行けば、絵本、漫画、ヤングアダルト向けなど、一度に様々な書籍に触れることができます。地方の方でも、東京に来た際に立ち寄ってみてはいかがでしょうか。施設の利用は無料で、スタッフの方が親切に相談に乗ってくれます。

聞く耳を持つ

これは、ＬＧＢＴＱ＋の子どもに向かうときに限ったことではありません。

先生は、子どもの言っていることに、それまで培った経験や知識を、知らず知らずのうちに付け加えて、自分なりの理解をしてしまう、ということがあります。私も、いつも真っ白な気持ちで子どもに向かおうと誓っているのに、気がついたら、自分の解釈で子どもの言うことを捉えていたことに気づき、冷や汗をかいたことが何度もあります。

ましてや、ＬＧＢＴＱ＋の子どもに関しては、昨今たくさんの情報が届き、新しい理解を促されている状態です。自身の「差別感」への不安がある先生もいるかもしれません。

だから、どうしても構えて聞いてしまいがちです。でも、それが落とし穴です。

そうではなく、真っ白な気持ちで、そのまま、ありのまま、子どもの言うことを聞く。

とにかく最後まで「聞き切る」。「聞く耳を持つ」というのはそういうことです。

教えるという選択・教えないという選択

LGBTQ+理解教育に関して、世の中には、①早いうちから十分な知識を得させよう、②早いうちから知識をつけると混乱を招く、という、相反する二つの考えがあります。

①の根拠は、これにより、当事者の人権を踏みにじるような発言や状況を未然に防ぎ、何より当事者が正しい知識を得ることで、いたずらに悩まなくて済む、ということ。

②の根拠は、「寝た子を起こすな」ではないですが、知識を得ることで、多感な成長期の子どもたちが、逆に自分の性自認、性的指向について惑わされてしまうのではないか、という懸念です。実際に、デトランジショナーの存在がこの指摘を裏づけてもいます。

2023年現在の社会情勢においては、人権教育との関連もあり、概ね、①の方向性で進んでいて、書籍や動画資料も良質な教材がいろいろあります。また、発達段階に応じて教える内容を吟味することで、②の懸念をいくらか払しょくできると思います。

ひとくくりにできないとわかっておく

第1章でも触れたように、LGBTQ+とひとくくりにしているものの、実は、性のあり様はとても多様です。詳しく分けると、LGBは性的指向を示し、Tは性自認を指します。また、Q+は、その両方における多様な性のあり様をカバーする、きわめて広範囲な概念です。その中には、性自認が決まっていない（＝クエスチョニング）、流動的である（＝ジェンダーフロイド）なども含まれます。

しかも、それぞれのカテゴリーに、いろいろな考え方の人がいます。つまり、ゲイに振り分けられた人が、全く同じ様相を呈し、全く同じような考えをもっているわけではなく、他のカテゴリーも同様です。

それゆえ、LGBTQ+を理解する際には、そもそも、すべてひとくくりにすることはできないのだ、という感覚をもっていることが重要です。

保護者の理解を進める

いつか、誰かがＬＧＢＴＱ＋であることを親に打ち明けたとき、予備知識がない親とある親では、受け止め方が大きく違ってくると思います。

また、自分の子どもではない誰かがＬＧＢＴＱ＋だと知ったときにも、その知識は役立ちます。

稀な例ですが、保護者本人が当事者である可能性もあります。

というわけで、保護者全体に広くＬＧＢＴＱ＋に知ってもらう機会を設けることは、いろいろな意味で有効です。

学校主催の子どもたちのための講演会を保護者にも開放する、道徳授業地区公開講座で人権研修として実施する、あるいは、ＰＴＡの家庭教育講演会のテーマとして提案する、など、その機会をぜひ積極的に模索してみてください。

廊下や階段の掲示板を使ってさりげなくＬＧＢＴＱ＋の「アドボカシー」

「アドボカシー」とは、「立場の弱い人を擁護したり、その主張を代弁したりする」という意味です。

教室の廊下の掲示板は、子どもの作品で埋め尽くされていると思いますが、保健室・特別教室・職員室などの廊下や階段・踊り場の壁を使って、ＬＧＢＴＱ＋関連の掲示をします。

掲示するものを自分でつくるのは大変ですが、インターネットで見つけたものを、製作者の許可を得てプリントアウトするだけなら簡単です。学校向けの教材を無料で提供しているＮＰＯ法人もあります。

掲示するのは、ＬＧＢＴＱ＋の基礎解説や書籍紹介でもいいのですが、当事者の若者の経験談やインタビューが、子どもたちの興味をひくのではないかと思います。

自分を責めない

自分のクラスのＬＧＢＴＱ＋の子どもがずっと悩み続けていたことに、気づくことができなかったとき。カミングアウトしたＬＧＢＴＱ＋の子どもに、不用意に傷つける言葉を言ってしまったとき。

先生は、基本真面目な人が多いので、そんなことがあると、どうしても自分を責めてふさぎこんでしまいます。

でも、どうか、自分を責めないで。悩んだり自分を責めたりは、少しだけで大丈夫。うまくいくことも、うまくいかないことも、自分の実力の結果ではなくて、そのときの巡り合わせでしかないのです。まあ、少しは実力も関係あるかもしれませんが、キャリアやポテンシャルは人それぞれ違うのですから、それも仕方のないことです。

顔を上げて、次の日の自分を生きましょう。

自分だけで頑張らない

ＬＧＢＴＱ＋の子どもに

「先生にだけ話しました。他の誰にも言いたくありません」

と言われてしまうと、自分だけで抱えて、自分だけで処理しなくてはと気負ってしまうかもしれません。でも、それがつらいようなら、自分だけで頑張らないで。

もし、その子がどうしても他の誰にも言いたくないと言うのであれば、一般論として、その子の名前は出さずに周囲の人に相談してください。

子どもと一緒に仲間を増やすのもよいと思います。たとえばこんなセリフで。

「いやー、これはシゲ先生一人では難しいなあ。もう少しあなたの味方を仲間を増やしたいんだけど、誰先生なら話していいか、ひと晩考えて来られる？」

こうして、信頼できる同僚か管理職と、この問題を共有し、自分だけで頑張らないで。

カミングアウトされたときに静かに受け止める

当事者の方に話を聞くと、「驚かず、騒がず、自然体で受け止めてもらったのでホッとした」「覚悟してカミングアウトしたけれど、相手が拍子抜けするくらいすんなりと受け止めてくれてホッとした」という意見が多かったです。

また、「あなたがあなたであることは変わらない。これからも、今までと同じように付き合っていくよ」という言葉にも力づけられたそうです。

先生というより、一人の人間として、先に挙げたアンコンシャスバイアスを克服していれば、きっとこのような受け止め方ができると思います。

まずは、人間同士として静かに受け止める。

そして、学校の先生の顔に戻り、具体的な支援の方法について、一緒に考えていけばよいと思います。

笑い飛ばす

これは、高度なテクニックかもしれないです。

けれど同時に、大変効果の高い方法でもあるように思います。

子どもが、深刻な面持ちでＬＧＢＴＱ＋をカミングアウトしたとき、

「なーんだ、そんなことか」

と笑い飛ばしてしまうのです。

〝先生〟が〝笑い飛ばす〟ことによって、子どもが深刻に悩んでいたことに、そんなに大したことじゃない、気にしなくてもいいというイメージを与えてあげるのです。

ただ、一歩間違えると、子どもが「自分が真剣に思い詰めているのに、笑い飛ばすなんてひどい」と感じて、逆効果になってしまうリスクもあります。自分のキャラクター、その子との関係性、その場の空気などをよく吟味して、あなたのセンスで使ってください。

心の裏側まで伝える

ＬＧＢＴＱ＋の子に、質問したいことがあるけれど、そんな質問をしたら、もしかしたらイヤな気持ちになるんじゃないか。そう思って、質問を躊躇したときに、この方法をおすすめします。

どういうことかと言うと、たとえば、「〇〇」という質問をしたいとしたら、こう表現します。

「私は、私があなたに『〇〇』と聞いたら、あなたがイヤな気持ちになるんじゃないかと思って心配している。だけど、『〇〇』と聞く必要があるから、聞きたいと思っている」

ここまで伝えることで、こちらの思いをわかってもらうのです。

この方法は、ＬＧＢＴＱ＋の子ども相手のときだけでなく、いろんなシチュエーションで使えます。

しつこくしない

カミングアウトされたとき、もうカミングアウトしている子と学校や学級での配慮について話し合うとき、ＬＧＢＴＱ＋ではないかと思われる子どもにそっと気を遣うとき。どんなときでも、必要なコミュニケーションが済んだら、それ以上後追いしないようにすべきです。

先生という人種は、もちろん私を含めて、どうしてもおせっかいな、言い換えると、親切過ぎるきらいがあります。だから、ついつい心配で、少し長めにコミュニケーションを続けてしまう。でもそれは文字通り余計なお世話。

ＬＧＢＴＱ＋の子どもは、可能な限り、他の子と同じクラスの一員として扱われることを望んでいます。

子ども自身に力をつける

私は、これがいちばん大事な支援だと思っています。

マイノリティの孤独を抱える当事者に寄り添い味方になることも大切です。けれど、私たち教師が日常的に力になれるのは、学校にいる間だけ。

彼らはやがて、自分の力で、社会という海へ舟を漕ぎ出さなくてはなりません。

そのとき、彼らが、自分の足で立ち、性的マイノリティとしての自分自身を守り、権利を主張できる力をもっていなければ、大きな波にのまれてしまうかもしれません。

だから、彼らの幸福のために、学校にいる間に●誰かに相談してうまくいった経験の積み重ね、●その子の存在はそれだけで祝福されること、●マイノリティだからと不当に扱われるべきではないこと、●伝えるべきことがあるときに使える対処法（アサーティブコミュニケーション、アイメッセージなど）があることなどを、徹底的に教えたいです。

アイメッセージを教える

アイメッセージのアイは英語のI、つまり一人称の〝私〟のこと。「私は……と思う」という表現で、思いを伝えることです。たとえば、子どもに静かにしてほしいとき、アイメッセージでは、「静かにしなさい」ではなく「先生は静かに話を聞いてほしいと思っている」と伝えます。「静かにしなさい」は相手の変容を強要するものですが、「静かに話を聞いてほしい」というのは、先生自身の気持ちを伝える「アイメッセージ」なのです。

LGBTQ＋の子どもは、マイクロアグレッション（無意識に些細なことで相手を傷つけてしまうこと）を受けたとき、たいてい、それに咄嗟に太刀打ちできずその痛みを内在化させてしまいます。そんなとき、この方法を知っていれば、「私は、そう言われると（されると）こんなふうに思うんだよ」と冷静に伝えることで、相手を傷つけず、自分の痛みを知ってもらうことができるのでは、と思います。

アサーティブコミュニケーションを教える

アサーティブコミュニケーションとは、自分を卑下することも、自分の考えを押し付けることも、あるいは巧妙に相手にわからせる態度もとらず、過不足なく自分の思いを率直に伝えるコミュニケーションのことです。昔はマイナーな概念だったのですが、今ではインターネット検索をすればたくさんの解説や実例が載っているメジャーな方法になりました。

ＬＧＢＴＱ＋の子どもたちは、まだまだ誤解や無理解も多いので、これからの人生で幾度となく、当惑する場面に出会うかもしれません。そんなとき、このコミュニケーション方法を身につけていれば、きっと助けになると思います。

だから、この方法を今のうちに教えておきたい。もちろん、ＬＧＢＴＱ＋じゃない子にも、アサーティブコミュニケーションはおすすめです。

トリセツのすすめ

トリセツとは、取扱説明書のこと。

ある職場で、雇用されたマイノリティの方が、職場の同僚向けに「自分の取扱説明書」をつくって配ったそうです。これによって、そのマイノリティの方は、いちいち会う人ごとに個別に事情や配慮を説明する必要がなく、一方、受け入れに戸惑っていた職場の人たちも、おかげでスムーズに対応できたとのこと。

このエピソードを聞いて、私はすぐ、学校のＬＧＢＴＱ＋対応にも応用できるのではと思いつきました。カミングアウトしている子がいれば、その子と相談してつくればいいし、特にそういう子がいなければ、架空のＬＧＢＴＱ＋の子を設定し、全員でその子に成り代わって、クラスで「取扱説明書」づくりの授業をしてもいい。ＬＧＢＴＱ＋理解のアクティブラーニングのグッドアイデアだと思いますが、いかがでしょう。

授業に盛り込む

既存の授業の中で、ＬＧＢＴＱ＋に触れることもできます。

少し前までは、保健体育の教科書でも「思春期に異性への関心が高まる」という記述しかなく、ＬＧＢＴＱ＋の子どもたちは、教科書の中に自分はいない、と悲しい思いをしていたそうです。けれど、２０２４年から、保健体育他の教科書に、ＬＧＢＴＱ＋関連の記述も盛り込まれました。これを通り一遍に読んで終わりにしてしまうか、さらに様々な性自認、性的指向に触れ、その発達段階なりの理解を促し、それをたとえば人権を考えるきっかけにするか。それは、それぞれの先生の手に委ねられていること、と思います。

また、他の授業において、歴史的に有名な作曲家や文豪、偉人、著名人のＬＧＢＴＱ＋情報を盛り込むことなども、ＬＧＢＴＱ＋の子を「自分だけじゃない。そんな人もそうなんだ」と勇気づけることができます。

授業を創る

鈴木と林の出会いも2017年、授業創りを通じてのことでした。当事者を招いてLGBTQ+の授業をしたいと考えた林。とはいえ、担任する小学校三年生にわかるように授業するのは、〝素人さん〟には難しい。誰か適任の人はいないかと、インターネット検索をして見つけたのが、ゲイをカミングアウトした小学校の先生（鈴木）。こんなおあつらえ向きの人はいない、とSNSを通じて連絡を取ったのが始まりです。

鈴木はこれに応えて、どんな違いがあっても、自分も人も大切にすることを伝える「なかよし大作戦～目に見える違い、目に見えない違い～」という授業を創ったのでした。

もちろん、ゲストを呼ばずに授業を創ることもできます。林のようにインターネットに頼ってもいいと思います。道徳や総合的な学習の時間の一環で、LGBTQ+授業を計画してみませんか。

通勤時のスマホいじり

通勤時、あるいはちょっとした隙間時間に、インターネットで、ＬＧＢＴＱ＋情報や基礎知識を手に入れます。

実は、ＬＧＢＴＱ＋の＋の部分の詳細は、なかなか奥深いのです。

ウェブサイトだけでなく、動画サイトやＳＮＳにまでアンテナを張れば、多くの当事者が自身のデイリーライフや性的マイノリティを生きる思いなどを投稿していますから、その人たちの生活や考えをリアルに知ることもできます。

知ることは力。

おそらく、多くの先生がこの経験を通して自分のアンコンシャスバイアスに気づき、ＬＧＢＴＱ＋に対する認識が大きく変わると思います。ただしネットの情報は玉石混交なので、それを見分ける力（＝情報リテラシー力）も、同時に養うことが大事です。

コラム6

トイレ、着替え、お風呂のこと……

トイレ、どうする？

トランスジェンダー／ノンバイナリー／クエスチョニングの子が、自分の性自認と違うトイレを利用することに苦痛を感じているという状況があります。また、トランスジェンダー女子（ＭｔＦ）が女子トイレを利用することに、どうしても抵抗感がある女子がいるというのも事実です。

この問題に対して、文部科学省は、性同一性障害の児童生徒に「教職員トイレ、多目的トイレの利用を認める」という参考例を挙げています。けれど、教職員トイレも男女別には変わりませんし、児童生徒が使うのは違和感があります。また、多目的トイレは、数も場所も限られているので、当事者としては使いづらいと聞きました。

既にカミングアウトしている当事者なら、何がいちばんいい方法なのか、本人と十分に話し合うことができます。しかし実際はそうじゃない。

隠れたトランスジェンダー男女やノンバイナリー／クエスチョニングの子が入りやすく、逆に、抵抗を感じる異性のほうも納得できるには、どうすればいいのでしょう。

昭和の頃は男女共用トイレをよく見かけました。今でも、コンビニや居酒屋等には男女トイレがあります。新しい施設でも、同様のスタイルは散見します。

そこから発想して、校内の男子トイレを、男女、あるいはジェンダーフリーに変えるというのはいかがでしょうか。表示を付け替えるだけなので、経費もほとんどかかりません。最初は違和感があっても、入学してくる子たちは、最初からその状態でスタートするので、数年経てば、それがきっと、学校の「当たり前」になります。

着替え、どうする？

文部科学省の前出資料には、着替えに「保健室・多目的トイレ等の利用を認める」とあります。けれど、トランスジェンダーに限らず、様々な理由で、みんなと一緒に着替えたくないという子はいるはずです。

もしこの設定をするなら、広くそういう子どもたちにも適応すべきではないでしょうか。そのような設定のほうが、当事者も利用しやすいですし。

逆に、みんなと違う場所での特別扱いは気が進まない、という子もいるかもしれません。学校での着替えは、具体的には体操着の着脱（水泳については第3章で考察）。そう考えると、自宅から人に見られてもいいインナーを着てくる、制服を脱がずに、その下で着脱する、カーテンの中で着替える、教室にポップアップ型の簡易テントを常備する、など、クラスで一緒に着替えるアイデアは、いろいろあると思います。

（宿泊行事の）部屋割りやお風呂、どうする？

宿泊的行事での部屋割りやお風呂の配慮に関しては、文部科学省は「1人部屋の使用を認める。入浴時間をずらす」との参考例を挙げています。

しかし、社会的な状況を見てみると、成人でも、山小屋やゲストハウス／ドミトリーなど、男女が同じ空間で宿泊することはあります。また、トランスジェンダー当事者の「仲のよい友達と過ごしたかったから、性自認と違う性の子と同部屋でよかった」という証言もあります。そもそも周りの友人が「同部屋で当然」と考えているかもしれません。

そう考えると、一人部屋を認めることは、必ずしも必要ないかもしれません。

もし設定するなら、LGBTQ+の子のためというより、広く集団が苦手な子への配慮として用意すべきというのが私の考えです。

けれど、そもそも宿泊行事の目的は集団宿泊活動をして体験を積むことですから、集団が苦手な子こそ、一緒に泊まって自身の成長につなげてほしい。そう考えて、一人部屋の設定が可能だとしてもあえて設定しない、という考えもあります。

一方、入浴時間をずらすことは、必要な配慮と感じます。

というのは、多くのトランスジェンダーの方たちが「自分の性自認と違う身体を、人に見られるのがとても嫌だった」と子ども時代を述懐していたからです。

一人部屋を用意することは、費用や宿泊施設の都合などで難しいことがあるかもしれませんが、入浴時間をずらすことは、それほどの負担なくできることなので、その点でもリーズナブルです。

実際に直面する可能性は少ない

ここまでつらつらといろいろ考えてきましたが、実際には、これらの問題に直面するのは、マイノリティであるＬＧＢＴＱ＋の子どもたちの中でも、ＴＱ＋に属する子どもたちだけです。しかも、宿泊行事に際して配慮できるのは、そのうちカミングアウト（周囲への告知）した子に限られます。なぜなら、カミングアウトしていない場合、他の子にわかるような配慮は、アウティング（暴露）になってしまうからです。

また、トランスジェンダーの方の経験談では、小さい頃から違和感をもっていたものの、はっきりと自覚をしたのは20歳を過ぎてから、という声も多くあります。

つまり、学校、特に義務教育の発達段階でここまでの配慮を必要とするケースは、実際には、おそらく、ごくごく少数ということです。

けれど、ごく少数であることが、当事者の子どもが配慮を受けられないことにつながってはいけない。

だから、こうして予め考えておくことも、大切なプロセスです。

（林）

ＬＧＢＴＱ＋の社会・歴史的背景をざっくり知っておく

日本だけではなく、世界の情報を知ること、そして歴史的な背景を学ぶことで、広い視野でこの問題を捉え直すことができます。

たとえば、ＬＧＢＴＱ＋を悩ます戸籍制度が、日本を含めた少数の国にしかないこと。ホルモン治療、形成治療をしなくても、自認だけ性別を変えられる地域がある一方、いまだＬＧＢＴＱ＋が禁じられている国もあること。

欧米の価値観が入る江戸時代以前の日本は、同性愛に寛容であったらしいということ。日本より進歩的に感じる西洋の国々は、かつて厳しいＬＧＢＴＱ＋制限があったこと。

これらは、ほんの一例です。先に挙げた、隙間時間のスマホいじりの他、漫画から、ドラマから、など、学ぶ手段は何でもいい。先生がＬＧＢＴＱ＋に関して深い認識をもっていることは、そのまま、ＬＧＢＴＱ＋の子どもたちに還元されます。

イベント（オンライン含む）に参加する

ゲイ歴、アライ歴が長い私たちは、ここ数年で、一般の人向けのLGBTQ＋関連のイベントが増えたことを実感しています。官民それぞれが、いろいろな形でのイベントを提供しており、またそれらは無料のものが多く、コロナ以後は、オンラインでの提供も増えているので、アクセスもしやすいです。

インターネットや動画サイト、SNSでも様々な情報は手に入りますが、イベントで、リアルに当事者と出会うことで学ぶものはたくさんあります。

インターネット検索をすると、おそらく、鈴木が登壇するものも見つかると思います。もちろんそれ以外のものでも、興味をひかれるものがあれば、ぜひ、積極的に足を運んでみてください。ただし、高額な講座に誘導するものも出てくるかもしれないので、イベントの妥当性については、十分検討してくださいね。

職員室の会話に挟み込む

たとえば、居住地の話題になったとき、

「あ、そこはパートナーシップ条例がある自治体だね」

と挟み込む。

知っている先生なら、

「そうそう、性的マイノリティの議員さんもいるしね」

と話が弾むかもしれないし、
知らない先生だったら、

「パートナーシップって？」

と聞かれ、LGBTQ＋理解を進めることができる。

職員室の小さな会話にも、アライ的活動のチャンスはあるのです。

今は「認めない」を認める

先生の中には、「頭では理解しなければいけないとわかっているけれど、どうしても感情的には、ＬＧＢＴＱ＋は認められない。賛同できない」という人もいます。

ＬＧＢＴＱ＋も子どもに寄り添うならば、この先生の考えをなんとか変えて、ＬＧＢＴＱ＋を認めてもらわなければならない……のでしょうか？

私は、なにか、それも違う気がしています。

必要なのは、ＬＧＢＴＱ＋の子が不当に傷ついたり、差別されたりしないことであって、すべての人をＬＧＢＴＱ＋フレンドリーな考えに塗り替えることではないように思うのです（それを心から望みつつ……）。

この先生が、そのあり様に賛同しないながらも、ＬＧＢＴＱ＋の子どもに、一人の人間としてきちんと向き合っているなら、それはそれでいいのではないかと思います。

校則を見直す提案をし続ける

一介の教師に校則を変える権限はありません。けれど、地道に校則の変更を提案し続けることはできます。おそらく、今でも残る厳しい服装や髪形の規定は、かつて学校が荒れた時代に必要だったものの名残。そのときには不可欠でも、今の時代に必要とは限らない。

本来、ルールとは、そのコミュニティメンバーがお互い気持ちよく暮らすための工夫なのなのだから、時代の変化に合わせて変わっていいはず。それなのに、長年守られてきたものは、なぜかかたくなに守らなければ、という意識が人々の中に働いてしまう。

一回の提案で校則が変わらなくても、その変更が、すべての子どもたちにとってよいことと信じるなら、何回も何回も飽きもせず提案し続ければいいと思います。

また、校則を守る子どもたち自身が校則づくりの主体者になる、児童会、生徒会主導によるルールメイキングの動きも活発になってきました。いよいよ時代が動くかも。

多様な進路を見せる

ＬＧＢＴＱ＋の子どもたちは、性的マジョリティの子どもたちのように、無邪気に将来を描きにくいそうです。特にトランスジェンダーの子どもたちは、就職の不安があり、また、ゲイ、レズビアンの子どもたちは、結婚や子育ての心配があります。

それらの不安を劇的に和らげるのは、動画の中に実在する先輩たちだろうと思います。ネット上には、たくさんのＬＧＢＴＱ＋ユーチューバーがいて、それぞれの、様々なライフスタイルを見せてくれます。

トランスジェンダーとして、企業に勤めていたり、教師になっていたり。男性カップルで、または女性カップルで、結婚式を挙げていたり、子育てをしていたり。

どこの学校に進むか、どんな会社に就職するか、というスタンダードな進路指導の傍ら、そんな姿をたくさん見せてあげることも、力になるのではないかと思います。

マイノリティ性を強みに

ホモ、オカマ、オネエは蔑称で、絶対に使ってはいけない呼称。当事者は、この言葉に深く傷つく。ＬＧＢＴＱ＋にかかわる人たちにとって、それは常識すぎるほどの常識と思っていました。

それが、昨今の若い人の中には、あえてこの言葉を名乗り、堂々とふるまう人が出てきました。「僕はこの言葉を使って、商売するから」と、先達が忌み嫌い、退けてきた言葉をあえて使い倒し、事業やユーチューブの集客に活用しているのです。

せっかく廃れさせた呼称を復活させたことを、非難する向きもあるかもしれません。

けれど私は、この逞しさを見習いたい、と感じました。自分にまつわるネガティブをもすべて動員して、自分の強みにしてしまう。これからのＬＧＢＴＱ＋の子どもたちには、このくらいのメンタルで生きていってほしい、とも思います。

変わってもいい、変わる可能性も変わらない可能性もある、と伝える

思春期の子どもたちの中には、性自認や性的指向に揺らぎがある子もいます。

つまり、思春期の性自認や性的指向は、後々、変わる可能性があるということです（コラム２参照）。

だから、学級や学校でＬＧＢＴＱ＋理解教育を進めるとき、必ず同時に、性自認や性的指向が変わりうること、そして変わってもかまわないことを伝えておくべきです。

今現在、自分がＬＧＢＴＱ＋と感じている子は、それが「変わる」なんて言われても、到底受け入れられないでしょう。

けれど、学校を離れてずっと経ってから、その性自認、性的指向に違和感をもったとき、「そういえば、先生がなんか言っていたな」と思い出して「ホッとする」かもしれませんから。

差別と区別を意識する

ＬＧＢＴＱ＋のことを考えるとき、すべて一緒くたにしてしまうことで、問題を複雑にしてしまっている側面があると思います。

性的マイノリティであることを理由に不当な差別を受けたり、精神的な苦痛を伴ったりすることは、当然対処すべき事柄です。「区別」を言い訳に、差別を助長しないためには、法律も必要です。また、男女の区分けが必ずしも必要のない場合は、どんどん男女差をなくし、すべての性自認を包摂していくことが望まれます。とはいえ、現状では、どうしても男女の区分が必要な場合もあります。そんなときに、やむを得ずＬＧＢＴＱ＋の子を振り分けることも差別でしょうか。

ＬＧＢＴＱ＋の概念は、まだまだ発展途上なので、何が差別で何が区別なのか、細かく分けて、意識して仕分けする必要があります。

親へのカミングアウトに寄り添う

たいてい、LGBTQ+の子どもにとって、親へのカミングアウト（LGBTQ+であると告白すること）がいちばんの難関です。友達や先生へのカミングアウトが先行して、親がいちばん最後、というケースも少なくありません。その場合、先生が、その子の親へのカミングアウトに寄り添うこともあると思います。そんなときに気をつけたいのが、張り切り過ぎてしまうことです。可愛い教え子の思いがなんとか親に伝わるようにと、口数が多くならないように。ただ、黙ってそばにいてあげてください。

また、告白を受けた親は、おそらく、その子がLGBTQ+であることに、先生より、ずっと大きな衝撃を受けています。その事実を受け入れるまで長い時間がかかるでしょう。子どもが悩んできた期間と同じくらい悩む時間が必要という人もいます。

そんな親にとっても、先生は、きっと頼もしい存在です。

一緒に戦う

一昔前に比べれば、男女混合名簿、男女色の固定観念からの脱却、トランスジェンダー児童生徒のための配慮、小学校からのLGBTQ＋理解教育……と、社会的な状況は、ずいぶんLGBTQ＋フレンドリーになってきました。この流れの中で、多くの学校で、制服の選択も男女に固定されなくなっています。ある学校では、制服を、ジェンダーフリーなものも含め、10種類以上のものから選ぶことができるそうです。

そうは言っても、それはどこか遠いところの話で、自分の学校はまだまだ、というところもあるかもしれません。そんなとき、たった一人でもいいから、必要な配慮を勝ち取るために先生が一緒に戦ってくれたら、LGBTQ＋の子どもの安堵感ははかり知れません。もしかしたら、実は、職員室に同じ想いの先生がいるかもしれません。最初に一緒に戦い始めた先生が率先して働きかけ、味方を一人ずつ増やせると心強いですね。

ネガティブケイパビリティを教える

ネガティブケイパビリティとは、簡単に答えの出ないこと、解決しない問題を抱えながら生きる力というような意味の言葉です。

ＬＧＢＴＱ＋の子のいる教室では、当事者と、周囲の子どもたち、そして先生がこの力をもっていることが求められます。

なんだかんだ言っても、特別な配慮が必要な人がいないほうが、なんでもスムーズに進みます。ＬＧＢＴＱ＋の子だけでなく、異質なものを包摂するのは大変です。インクルーシブなんてきれいな言葉ではまとめられない現実が、きっとどの学校にもあるでしょう。

でも、考えてみれば、ＬＧＢＴＱ＋の子のいる教室に限らず、同質な子ばかりが集まっている教室なんてない。ネガティブケイパビリティは、ＬＧＢＴＱ＋であるなしにかかわらず、子どもにとっても、大人にとっても、必要な力だと思います。

この本を読んだだけで、わかったつもりにならないで

最後に、どうしても伝えておきたい。

この本では、私たちなりに、現場の先生がＬＧＢＴＱ＋の子どもを前にして、どんな知識が必要か、どんなことができるかまとめたつもりですが、もちろんそれだけでは、とてもこのテーマを語り尽くすことはできません。

ＬＧＢＴＱ＋は、今この瞬間も、ＳＯＧＩＥという、性のあり様を表す新しい用語が次々生まれたり、まだまだ、変化のうねりの中にあります。

だから、この本を読んだだけで、わかったつもりにならないで。

ソクラテスの「無知の知」です。

ここは、スタートライン。

性的マイノリティという、新しい学びの旅の始まりです。

コラム7

ＬＧＢＴＱ＋は子どもだけじゃない

学校にかかわりのあるＬＧＢＴＱ＋は子どもだけではありません。大人にもいます。

教職員とＬＧＢＴＱ＋

私は自分で任意団体「ＬＧＢＴＱ＋と教育について考える虫めがねの会」という団体を主宰しています。ここにはＬＧＢＴＱ＋当事者の教職員が多く参加しています。またアライの教職員も多く参加しています。私も自分がゲイであることをカミングアウトしてから知ったのですが、昔から活動している「セクシュアルマイノリティ教職員ネットワーク」という会もあります（http://www.stn21.net/）。

けれど、そこで出会う多くの方々が、学校や自分の住んでいる地域では、カミングアウトしていません。

ＬＧＢＴＱ＋の教職員も「いない」のではなく、見えて「いない」。または自らのことを言えて「いない」だけかもしれません。

カミングアウトするかしないかは、あくまで本人の判断です。しかし日本の中ではまだ、教職員として、「ＬＧＢＴＱ＋の当事者である」とカミングアウトすることは、安心安全ではないのかもしれません。

保護者とＬＧＢＴＱ＋

保護者の中にも、当事者の方がいらっしゃいます。結婚しているから、あるいは子どもがいるから、といって、ＬＧＢＴＱ＋の当事者ではないと言い切ることは難しいです。ＬＧＢＴＱ＋保護者も、「いない」のではなく、見えて「いない」。または自らのことを言えて「いない」だけかもしれません。

既にカミングアウトしていて、学校にその状況を伝える人もいます。

たとえば、海外で暮らすゲイカップルが、代理母出産で子どもを授かり、日本への一時帰国で、そのお子さんが公立の小学校に入学したという事例があります。

また、ある保護者（レズビアンカップル）から、学校の引き取り訓練にパートナーを行かせたいが、学校としてそれは可能なのだろうか？　という相談を受けたこともあります。私は「今の学校や先生方は、多様な家族の形があることを知っています。だから相談したら大丈夫だと思いますよ」とアドバイスをしました。結果的にそのレズビアンカップルのお二人は、校長先生に自分たちがカップルで子育てをしていることをお話ししたそうです。その結果、問題なく引き取り訓練に参加できたとのことでした。

地域の方とＬＧＢＴＱ＋

地域にも、当事者はいます。私も非常勤講師で小学校の先生ですが、学校の仕事を終えて自宅に帰ると「地域に暮らす当事者の人」になります。最寄りのスーパーで買い物をしますし、図書館に行くこともあります。ご近所の認知症の方が、我が家のインターホンを押し続けたときには、ご本人の家まで一緒に付き添ったこともありました。

当たり前の話ですが、当事者も皆、そうやって普通に暮らしています。

（鈴木）

終章

【対談】「ふつう」っていったい何？

「その子」のありのままを見ることの大切さ

――（編集部）ここまでご執筆を進めていただいて、私自身も、ぼんやりと「LGBTQ＋の方」という認識しかもっていなかったことに気づきました。あくまで一人ひとりであり、考えや悩みもそれぞれですね。ここではまず、「ふつう」とは何かについてお二人に伺ってみたいと思います。

林　私は、今現在、みんなが「ふつう」と思って、「ふつう」と言っているのは「マジョリティ」という意味だと思っています。だから、「たくさんいる」っていうことが「ふつう」なのですが、実はふつうというのは、きっと存在しないんだよね、と考えています。

鈴木　ぼくは、「ふつう」という言葉を使って得していた人がいるんじゃないかなと、思っています。「『ふつう』こうだよね」と言えば、とても大きな主語で全部をまとめることができて、余計なことを考えなくて済む、のようなことがあるのかなと。

ただ、それを続けてきた結果、ふつうの中で、ふつうの中に入れない、あるいは入らない人がいるということが、現在はだんだんと可視化されてきているんじゃないかと思います。

あとは、私たちも含めて「自分ってふつうなのだろうか」って考えたときに、自分はふつうの枠の中では当てはまらないと、私たち自身が感じている部分も、もしかしたらあるんじゃないかなと思っています。

林　だって、ぼくから見たらとてつもないマジョリティに見える林先生ですら、「私はマイノリティ」って言っているんですよ（笑）。ちょっとびっくりしました、前に聞いたときは。

でも、本当にそうなんですよ。世間的な言い方で言えばヘテロセクシャルで、シスジェンダーで、結婚して子どもがいて、小学校の先生をしていて、って言うと、ごくありがちな人であり、マジョリティなんだけど…。

私がゲイの人とかに、すごく強く惹かれるのは、「マジョリティのふりしてるのだけど、実はものすごく他の人と違うという自覚をもっている」からなのかなと思っています。でも、違うことをそのまま表現したら輪から弾かれてしまうというのもわかっている。だからふつうの人のふりをしているという感覚は普段から強くもっています。

そこが、もしかしたらいわゆる「マイノリティ」の方との共感につながるのかもしれないですね。

鈴木　ぼくも同じかもしれないです。ゲイであることをカミングアウトする前は、ずっと「ふつう」を演じていました。

林　だからそういう意味では、私もいまだにカミングアウトできてない、ということですよね。親しくならないと、自分の本心では話せない。あまり親しくない人にはふつうの話をしちゃう。私がしたい話をしてしまうと、「ん?」っていう感じの顔をされて、すーって引かれていくというか(笑)。そんな感じだから、ふつうの当たり障りのない話しかしないようにしているんですよね。

鈴木　一方で、「ふつうを感じる」ことによって得られる安心感ということもあるのではないか、という気もしています。自分がふつうの中に入ることで安心する。

林　いや、でも、いわゆるふつうの人はそこまで考えてないかも（笑）。

鈴木　確かに、考えてないですかね（笑）。

うーん…、ここまでの林先生との会話からまとめてみるとしたら、「ふつうとかふつうじゃないを感じる必要がない人」が「ふつう」ということでしょうか？

林　あ、その定義、すごくしっくりきますね。

自分がふつうだとか、ふつうじゃないとかを感じる必要性がない人が、ふつうの人。

鈴木　それって、私たちみたいな人とどんな違いがあるのでしょうね。

ただやっぱり、そういう人には特権があるような気はしてしまいますよね。何の不自由もなく、すくすく生きていける。ぼく自身はそうなりたかったです。

林　えーっ、私は絶対なりたくなかったかな（笑）。だって、つまらなくない？

マジョリティでい続けなきゃいけないなんて。

鈴木 うーん、でも「ふつうじゃない」って面白いなと思うときもあるのですが、つらいときもいっぱいあるんですよね。なんだろう、「つら楽しい」みたいな（笑）。面白苦しいみたいな、そんな感覚なんです。

林 私は自尊心というか、「特別でありたい」っていう欲が強いからかもしれないですね。そういう意味で、「ふつうはつまらない」と感じてしまうのかも。「自分は、人が考えないような突拍子もないことを考えている」という特別感が面白くて楽しいって思うんですよね。

もちろんカミングアウトする前のゲイの方と同じように、本当の自分を隠しているせつなさやつらさっていうのは抱えているんだけど、同時に自分しか考えてないだろうなってことを思いついたり、考えたりできるっていうことに対する特別感に満足するという側面があります。

…みたいなことすら考えないのが、ふつうの人だと思う（笑）。

鈴木 そうですよね（笑）。

でもぼく、もし誰かから今、「鈴木先生ってふつうですか？」と聞かれたら、「ふつうです」って答えるかもしれません。

林 私から見たらさあ、鈴木先生なんてふつうですよ（笑）。

鈴木 本当ですか？（笑）

林 うん、鈴木先生のほうがふつうのほうに寄っている気がします。

鈴木 以前に、愛知県の人権啓発ポスターに掲載されていたフレーズを思い出しました。

「あなたの『ふつう』と私の『ふつう』は違う。それを、私たちの『ふつう』にしよう。[1]」

というものです。「ふつう」の形ってぜんぜんわかんないですもんね。尺度も枠も形も…。

林 だから、そういう意味で言うと、シンプルに、「そのコミュニティにおけるマジョリティ」ということなのかもしれませんね。

先生や学校に求められるあり方とは

――ありがとうございます。確かに、「ふつう」のあり方も人それぞれですし、そうであっていいですよね。
本書でも様々な角度から、学校現場でできることを考えてきましたが、結局学校における先生や、子どもたちが過ごすクラスのあり方はどんなことを大切にしていくのがよいでしょうか。

林 私は、いちばん大事にしているのはコミュニケーションです。もっと言えば、アサーティブコミュニケーション[2]ですね。自分の心の中の全部を洗いざらい、きちんと言語化するということ。「先生はこうこうこういうふうに思う」のように、今の状況をしっかり伝えることです。
たとえば、子ども同士のコミュニケーションで考えると、嫌なことをされた子が「ちょっとやめてよ!」とだけ言ってトラブルになってしまうことがよくありますよね。そういう場合、私は子どもに、「私はあなたがこういうことをするのは、こういうふうに感じるからやめてほしい」のように言い替えさせています。これがさっきの「それぞれ違うふつうをわかり合う」ための手段だと思っているんです。

子ども同士も、それぞれ違う家庭で育ってきているし、それぞれ感じているふつうが違うんですよね。そこをすり合わせてお互いを了解していく作業を、教室で丁寧にすべきだと思っています。それをひと言で表すと「コミュニケーション」なんです。

鈴木　なるほど。表層的なものではなく、認識のすり合わせというイメージですかね。

ぼくは、このご質問を受けて、何を大切にするべきなのかを考えてみたのですが、「ふつうじゃないことを大切にしてほしい」が回答になるなと思いました。ふつうじゃないことを「許してほしい」と言うと、上下関係があるみたいで違うなと思うんですけど…。「ふつうって何だろうね」っていうのを考え続けていくことも大事なのかなと思います。一年間ずっと、「みんな、ふつうって何だろうね？」って聞いていたら、どんなクラスになるんだろう。先生しつこいよって言われそうですが、「そうだよね、しつこいよね。でも、考えてみようよ」って（笑）。

林　今の、「先生くさい」ね（笑）。やっぱり鈴木先生は私と違って大学卒業からすぐ先生になった人だからね。生粋の先生らしさがあるんですよね。

鈴木　まあでも、先生らしいという自分、あんまり嫌いじゃないです。それって人によっては、言い方が難しいですが気持ち悪く見える部分があるんだろうなと思いますが（笑）。

　話がそれましたが、何を大切にするか…。「いろいろな人たちがいる」ということを、ありとあらゆる場面で知るチャンス、知る機会をつくっていくことを大切にしていったらいいのではないかと思います。

林　「安心して自己開示できる雰囲気づくり」ということですか？

鈴木　そうですね、そうなると「心理的安全性」にもつながりますよね。そのクラスに安心安全があるか。林先生が仰っていたように、コミュニケーションの中に安心安全があるかというのが、すごく大事だと思っています。

同じことを伝えようとしているのだとしても、安心安全な伝え方というものがありますよね。それが「アサーティブ」なのかなと私は思っているのですが、どうでしょうか？

林 うん。つまりそれって、教室全体がお互いに対して愛情をもっている状態のことなのだと思います。子ども同士が、本当にうっすらとでもいいからお互いに愛情をもってる状態が、もしかしたらベースとして必要なのかもしれません。

私は、先生として「自分がみんなに対して愛情をもっている」ということを絶えずアピールして、そういった空気感をつくるようにしたいなと思っているんですよね。

鈴木 なるほど。でも、ぼくだったらクラスのみんなに愛情もてるかな…。もちろん先生になった今はそのつもりで接していますが、自分が子どものとき、「あいつムリ」とか思っていましたね…。

林 そう、「あいつ、ムリ」という状態は必ずある。あるんだけど、でも、本当に根っこのところに、うっすらとでもいいから、「クラスメイトだ」っていう親近感があるといいなと思っているんです。

鈴木 なるほど。

ぼくは、子どもが30人クラスにいたら、30人みんながみんなのことわかり合えなくてもいいかなと思っていて。でも、わかり合えなくても、ちゃんと安心安全に共存できるんだよっていうことを学んでほしいなとも思うんですよね。うまく言葉にできないのですが…。

林 そうだね。「何でもわかり合えてない状態でも共存できる」ということこそ安心安全なんだけど、表面だけで考えてしまうと、「仲よくしなさい、わかり合いなさい」になってしまうんですよね。

鈴木 そうなんですよ。本当は、共感できてもいいし、共感できなくてもいいし、でも「共存」はできるっていうことを言いたいんです。クラスの中に強い結びつきがどこかにはあってもいいし、でも、強い結びつきだけが正解じゃなくて、緩やかな弱い結びつきでもいいんだよ、というのを大切にしたいですね。

そして、あなたは誰も傷つける必要がないし、あなたは誰からも傷つけられる必要はない、っていうのをみんなで実感していきたいです。

林 私は今の鈴木先生の想いを、最初の学級開きで「権利」という言葉で教えています。その言葉を言い換えると、「安心して自信をもって自由に生きられる」ということです。

それは、自分が安心して自信をもって自由に生きられている状態をキープするとともに、他の人の安心や自信、自由を損なわないっていう条件もついてくる。そして、自分の安心と相手の安心がぶつかり合ったときに、コミュニケーションを取る。そうして折り合うところを見つけるんだよ、という話をしています。

鈴木 いい話ですね！　そこに「自由」が入っているのがすごくいいなって思いました。自由なんですよ、そうなんですよね。

林 いいですよね。ＣＡＰの研修[3]でこの話を教わって、「あ、いいな」って思ってずっと使っているんです。

ちなみに、低学年でも「権利って何？」というところから教えています。一年間、そこにずっと立ち返りながら考え続けていくので、そういう意味で、うっすらお互いに安心、自信、自由をもってなきゃいけないんだという感覚で、本当に薄くていい。「嫌いでもいいから、それを言葉にするな」とかね。

鈴木 そうですよね、外に出さなければ全く問題ない感情ですもんね。

安心、自信、自由。うん、それを大切に、一年間言い続けられるし、どんなトラブルがあったときにもそこに戻ることができますね。

読者の先生方へ

――お二人とも、ここまでありがとうございました。最後に、この本を手に取ってくださった読者の先生方に向けて、メッセージをいただければと思います。林先生からはいかがでしょうか。

林 ＬＧＢＴＱ＋にかかわる法律ができて、ホットトピックとして扱われ始めて、ＬＧＢＴＱ＋を扱ったサイトや本が情報としてたくさん出ていると思います。ただ、当事者とアライで、しかも両方とも小学校の先生で現場にいる人物が書いた本というのは、おそらくこの本が唯一だと思います。そういう意味で、この本のユニークなポイントはここにあるのではないかと思っています。

あとは、このテーマを薄く理解するのではなくて、ここからＬＧＢＴＱ＋という地面を少しでも深く掘ってほしいなと思っています。実際にはＬ

GBTQ＋の子どもってものすごいマイノリティだと思います。でも、私たち教員は、一人残らず全員の幸せを願うから。そういう意味で、マイノリティだけど、その子たちのことも何とかわかる努力をしていくべきだと思っています。

――ありがとうございます。鈴木先生は、いかがですか？

鈴木 研修等に講師として行くと、いつも「うまくいった話はいらないので、失敗した話をしてください」と言われることが結構あるのですが、私も現場で発達に特性のある子どもとかかわりながら、毎日地べたをはいつくばっているような毎日なので、うまくいっていることのほうが少ないです。だから、みなさんも安心してくださいということがまず一つ。

もう一つは、やっぱりぼくは自分の中で、安心安全というところが最近のテーマになっているので、いろいろな子どもたちの安心安全な場所を、学校の中につくってあげてください。

林 本当は、子どもにとって安心安全な場所は、家庭なんですよね。本来の存在意義は、むしろ学校が安心安全で自己肯定感たっぷりの子どもに、少しでも厳しさを経験してもらって、その子を鍛える場所だと思っています。ただ、現実的に家庭が安全な場所とは限らない、地域が安全な場所とは限らない現状、応急措置としては、学校が安全を提供しなきゃいけないってことになるんじゃないのかなとも思っています。

鈴木 先生たち自身も様々な危機に晒されていると思いますので、先生方自身も学校の中でも外でも、どこか安心安全な場所をたくさんつくってほしいです。

林 でも、先生って本当に強いよね。相当精神的な危険に晒され続けているのに、明るくやっているんだもん。みんな本当にすごいなと思う。

1 愛知県が作成した2016年度の人権啓発ポスターに掲載されたキャッチコピー。
2 相手を尊重しながら自分の気持ちを伝えるコミュニケーション。
3 NPO法人CAPセンター・JAPANが運営する子どもへの暴力防止のための研修。Child Assault Prevention（子どもへの暴力防止）の頭文字をとって「キャップ」と呼ぶ。

おわりに

林　真未

こういう本を書くときに、私には、いつも大切にしていることがあります。

それは、ぶかっこうでも、論理的じゃなくてもいいから、「現実の、ほんとうの教室で、実際に使える提案をする」ということ。

美しい言葉で理想を語ったり、学術的な根拠を用いて解説したりする文章は、他の人に任せればいい。

それから、一見、教員や保護者に寄り添っているように見える、優しい易しい文章も、私の好みじゃない（むしろ、そういう文章がいちばん巧妙で、罪深いと思ってしまいます）。

だからこの本も、必死で「ほんとうのこと」「実際に使える提案」を探し、忙しい先生方に「読んでよかった」と思っていただけるように……と念じながら書きました。

LGBTQ+は、それ自体が多様性を包括していて、その上、これにまつわる様々な意見や考えがあり、とてもデリケートなテーマです。

けれど、たとえ少数であっても、学校には、教室には、必ず彼らがいるのだから、私たち教師は、このことを考えずにいてはいけないと思います。

教師になる前からずーっと、アライ（ＡＬＬＹ＝ＬＧＢＴＱ＋を理解・支援する人）であった私としては、今回、シゲ先生こと鈴木茂義さんという強力なパートナーと、新井皓士さん（名字が偶然アライと読むことに驚き）という頼もしいナビゲーターを得て、「学校現場におけるＬＧＢＴＱ＋の現実的な対応」について、思う存分書かせていただけたことは、望外の喜びです。

ＬＧＢＴＱ＋は広く深いテーマなので、まだまだ、私たちのアイデアが至らないところや、ここに書ききれなかったことも、多々あると思います。

それらについては、読者のみなさんがそれぞれの現場で、この本より先に進んでいただけたら素敵です。

こんなふうに本を出版したり、家族支援者として講演したりしていると、「マミ先生、すごいですね」と言われることがあります。

正直、それはとっても嬉しいです。きっと私は、他の先生よりずっとたくさん「みんなにすごいと思われたい」という欲がありますから。

ところが一方、残念なことに、毎日、ほんとうに一所懸命頑張っているのに、私の教員生活は失敗だらけ。

悪戦苦闘。

泥臭い。

みっともない。

そんな言葉たちがしっくりきます。

毎日平均7時から7時までの12時間労働。それだけ時間を費やしているのに、いつまでたってもうまくできない。

真っ白な心で子どもを見なきゃって言っているのに、思い込み・勘違いで子どもを誤解したり、キャリアを重ねてうまくやれるようになったと思いきや、慢心がミスを招いたり、家族支援のプロのくせに、保護者とのコミュニケーションで思わぬすれ違いを招いたり……。

いつになったら「私、失敗しないので」と胸をはれる日が来るのでしょうか（その前に命果てそう（笑））。

ただ、そんな失敗ばかりの日々だからこそ、それと取っ組み合いするように、私なりのアイデアが紡ぎ出されてきたようにも思います。

これまで、たくさんたくさん教育や子育てに関する文章を読んできました。話も聴いてきました。

けれどその多くが（すべてではないです）、心の奥や、真理の芯を川底に置き去りにしたまま、川面をさらっと通り過ぎるものばかり、そんな印象があります。

だから、自分が書くときには、なんとか川底まで辿り着きたい。必死でもがいて、ほんとうのことを鷲掴みしたい。

いつもそう願ってジタバタするのですが、今回は、それが、どこまで実現できたでしょうか。

私にとって、教師は天職で、家族支援は生涯のミッション。

これからも、このまま死ぬまで、なんとかして、子どもと子どもを育てる人たち（先生、親、その他）の役に立つことが、少しでもできればいいなと思っています。

うまくいかない日々に、絶えず思い悩みながら……。

おわりに

鈴木茂義

2024年4月、私は公立小学校非常勤講師として9年目の春を迎えました。これまで算数の学力向上を担当したり、発達に特性のある子どものコミュニケーションの指導を担当したりしてきました。今年度は仕事の担当が変わり、知的障害のある子どもたちとともに学んでいます。

現在の小学校に勤務して8年目になります。この学校は、特にインクルーシブ教育に力を入れています。障害の有無にかかわらず、様々な場面で子どもたちが交流している姿を目にします。私はその交流がより豊かな時間になるように、微力ながら非常勤講師として仕事をしています。しかし日々仕事をしていると、子どもとの関係をうまく築けなかったり、子ども同士をうまくつなげることができなかったりすることが多いです。この文章を書いている今は、新年度が始まったばかりなのでまだまだこれからなのかもしれません。

私は小学校での勤務の他に、LGBTQ+を入り口とした教職員向けの人権研修や、子ども向けの出張授業をしています。その中では「共生社会の実現」「すべての子どもたちの豊かな学びと育ちを保証」などをキーワードに、ＬＧＢＴＱ＋についても触れています。小学校の現場で模索する自分の姿と、研修会や授業で講師をする自分の姿にギャップを感じながら過ごしています。そのギャップにネガティブな感情をもっているわけではないのですが、この段差をなるべく低くしたいという気持ちが強くなっています。自分の中に「学校外部の研修会や授業では偉そうに理想を掲げているくせに、現場での仕事の達成感が少ない」という気持ちがあるのだろうなあと思っています。

「ふつうって何だろう」「じゃあ逆にふつうでないって何だろう」「思いやりと優しささえあれば、インクルーシブ教育は実現するのだろうか」「いや、学校や子どもたちには既に思いやりや優しさが感じられる場面がたくさんあるぞ」「ということは学校や社会のシステムや構造にも目を向ける必要もあるな」という考えが、頭の中をぐるぐる巡っています。すべての課題を解決する特効薬があったらいいのになあといつも思いますが、やはり特効薬はなく、泥臭く考え続けて、実践し続けるしかないというのが今のところ自分の答えです。

小学校一年生のとき、同級生の男友達や学年が上のお兄ちゃんたちに好意と憧れの気持ちをもっていた私は、「もしかしたら自分は男の子を好きになる男の子なのかもしれない」

と焦りを感じていました。みんなと違うかもしれない自分を感じていました。今振り返ると、自分自身のマイノリティ性を感じた瞬間でした。その後も自分の性的指向については揺らぎが続きましたが、大学二年生、20歳のときに自分がゲイであることを明確に認識しました。大学では特別支援教育（当時の名称は特殊教育でした）を専攻。当時は障害のある子もない子もともに過ごす野外キャンプ・スキーキャンプのボランティアリーダーも務めていました。自分自身もゲイ当事者でマイノリティ、大学の専攻や仕事もマイノリティについて考えることが多く、「自分の人生のテーマはマイノリティについて考えて行動することなのだな」と思ったことがありました。

その人生の中で、本を書く機会が来るとは思ってもいませんでした。林先生からお誘いをいただき、明治図書出版の新井さんも含めて打ち合わせをして、とてもわくわくしました。しかし、いざ原稿に取り掛かってみると、自分の思いや実践を言葉にするのがなかなか難しい。これまで自分が、感覚的に動いてきたことがたくさんあったのだなと気づかされました。今回の執筆は、自分の中の感覚を言語化する作業でもありました。生みの苦しみもありましたが、自分を振り返るよいきっかけにもなりました。

フルタイムの教員として担任をもっていた頃、私は学級経営で行き詰まったことがありました。その状況を打開するために学んだのが教育相談や教育カウンセリングでした。現在の私の仕事の根幹を支えているものがそれです。以前参加した教育カウンセリングの研修で、講師の先生に「子どもに寄り添うコツは何ですか？」と質問したことがあります。講師の先生はゆっくり時間を取って「子どもに寄り添うコツ…それは寄り添うことです」と穏やかに答えてくれました。最初は何を言われているのかさっぱりわからず、消化不良でした。しかし徐々に、「コツやテクニックだけで子どもに寄り添うのではなく、自分の心持ちが大切なのでは？」と考えるようになりました。

子どもへの思い込みや偏見を取り除いて接すること、話を遮らずに最後まで聞くこと、子どもへの信頼や敬意をもつこと、子ども自身の中に成長のヒントがあること…そんなことを読者のみなさんと共有できたら嬉しく思います。

「シゲ先生、また八方美人的コメントをしている！」と笑われたり、叱られたりしそうだなあ（笑）。でもやはり、私はそれを軸に生きていくしかなさそうです。スマートに仕事のできる格好いい先生にもなりたいけど、泥臭く仕事をする自分もそんなに悪くないと思えるようになりました。

■参考資料一覧

【参考文献】

・林真未『低学年担任のためのマジックフレーズ』（明治図書）
・林真未・川上康則『一人一人違う子どもたちに伝わる学級づくりを本気で考える』（明治図書）
・文部科学省「性同一性障害や性的指向・性自認に係る、児童生徒に対するきめ細かな対応等の実施について（教職員向け）」
・文部科学省「『性的指向及びジェンダーアイデンティティの多様性に関する国民の理解の増進に関する法律』の公布について（通知）」
・文部科学省「生徒指導提要（改訂版）」
・東京都学校教育相談研究会「紀要ＳＭＩＬＥ」令和２・３・４年度版
・「トランスジェンダーのリアル」製作委員会『トランスジェンダーのリアル』
・特定非営利活動法人ＲｅＢｉｔ監修『「ふつう」ってなんだ？　ＬＧＢＴについて知る本』（Ｇａｋｋｅｎ）

・新井祥『性別が、ない！　両性具有の物語』（ぶんか社）
・寺田千栄子『ＬＧＢＴＱの子どもへの学校ソーシャルワーク』（明石書店）
・葛西真記子編著『ＬＧＢＴＱ＋の児童・生徒・学生への支援』（誠信書房）
・遠藤まめた『先生と親のためのＬＧＢＴガイド　もしあなたがカミングアウトされたなら』（合同出版）
・アシュリー・マーデル『13歳から知っておきたいＬＧＢＴ＋』（ダイヤモンド社）
・周司あきら・高井ゆと里『トランスジェンダー入門』（集英社新書）
・児童心理２００９年10月号臨時増刊№９０３「学校における『心理教育』とは何か」
・児童心理２０１２年２月号臨時増刊№９４５「学校と子どもを活かすブリーフセラピー解決志向の実践」
・ＰＲＩＤＥ　ＪＡＰＡＮコラム『ＬＧＢＴＱとは』
https://www.outjapan.co.jp/pride_japan/column/1.html
・A REUTERS SPECIAL REPORT：Why detransitioners are crucial to the science of gender care（英文）
https://www.reuters.com/investigates/special-report/usa-transyouth-outcomes/

・NEW YORK POST：Detransitioner Chloe Cole's full testimony to Congress is a 'final warning' to stop gender surgery
https://nypost.com/2023/07/28/detransitioner-chloe-coles-full-testimony-to-congress-is-a-final-warning-to-stop-gender-surgery/（英文）
・その他　プライドハウス東京レガシー所蔵資料　全般

【参考サイト】

・文部科学省「性的マイノリティに関する施策」
https://www.mext.go.jp/a_menu/shotou/jinken/sankosiryo/1415166_00004.htm
・独立行政法人教職員支援機構「学校で配慮と支援が必要なＬＧＢＴｓの子どもたち：校内研修シリーズＮｏ87」（ＹｏｕＴｕｂｅ）
https://www.nits.go.jp/materials/intramural/087.html
・ＬＧＢＴＥＲ　https://lgbter.jp/

・東京都渋谷区「ＬＧＢＴＱ基礎知識　みんなが多様な性を生きている。」
https://files.city.shibuya.tokyo.jp/assets/12995aba8b194961be709ba879857f70/89f83734344d
d4e03b9b6c764d7266c0e/assets_shisetsu_000064449.pdf
・自由が丘ＭＣクリニック「未成年（児童生徒）における性別違和の対応」
https://www.gid-mcclinic.com/genderdysphoria/under20ys/
・認定ＮＰＯ法人ＲｅＢｉｔ「ＬＧＢＴＱ子ども・若者調査２０２２」
https://rebitlgbt.org/news/9264

※参考文献・サイトとして記載のＵＲＬはすべて執筆時点のもので、変更になっている場合がございます。

■スペシャルサンクス

本書の制作にあたり、多大なるご協力を賜りました皆様に心より感謝申し上げます。

【取材協力・情報提供】

逢坂泰精　https://yasukiyo.daa.jp/

瞬　https://syunrainbow.wixsite.com/syun

まいける@新宿ダイアログ　https://www.instagram.com/shinjukudialogue/

プライドハウス東京レガシー　https://pridehouse.jp/legacy/

渋谷インクルーシブシティセンターアイリス　https://shibu-cul.jp/iris

「ＬＧＢＴＱ＋と教育について考える虫めがねの会」の皆さん

【写真提供】

葛西清和　Instagram：@kkas_09

【著者紹介】

林　真未（はやし　まみ）

立教大学卒業後、明星大学通信教育課程で教員免許を取得。
雑誌記者を経て、家族支援者を志す。３児の子育てをしながら、通信教育でカナダ・ライアソン大学（現トロント州立大学）家族支援職資格課程を修了し、日本人初のファミリーライフエデュケーターに。
主な著書に『困ったらここへおいでよ。日常生活支援サポートハウスの奇跡』（東京シューレ出版）、『低学年担任のためのマジックフレーズ』（明治図書）、共著書に『一人一人違う子どもたちに「伝わる」学級づくりを本気で考える』（明治図書）がある。

鈴木　茂義（すずき　しげよし）

東京都公立小学校非常勤講師。上智大学基盤教育センター非常勤講師（半期）。常設のＬＧＢＴＱセンター「プライドハウス東京レガシー」のスタッフ。自治体の相談員。専門は特別支援教育、教育相談、教育カウンセリングなど。1978年茨城県生まれ。文教大学教育学部卒業。14年間の正規小学校教諭として勤務を経て現職。教員23年目。教育研究会や教育センターでの講師経験も多い。学校に勤務しながらＬＧＢＴＱ＋や教育に関する講演活動を行い、性の多様性やよりよい「生き方」「あり方」について参加者とともに考えている。

「ふつう」に心がざわつく子どもたち
ＬＧＢＴＱ＋の子どもも含めたみんなが安心のクラスづくり

2024年７月初版第１刷刊　©著　者　林　　真　　未
鈴　木　茂　義
発行者　藤　原　光　政
発行所　明治図書出版株式会社
http://www.meijitosho.co.jp
（企画）新井皓士（校正）樋口祐次
〒114-0023　東京都北区滝野川7-46-1
振替00160-5-151318　電話03(5907)6701
ご注文窓口　電話03(5907)6668
＊検印省略　組版所　株式会社木元省美堂

Printed in Japan　ISBN978-4-18-280820-3